应用文写作

李 凯 主 编
沈 阳 副主编

科 学 出 版 社
北 京

内 容 简 介

本书遵循高职高专大学生的认知特点，结合应用文写作科学规律和各类文体实际处理操作流程，具体介绍了应用文基本知识、条据、总结、计划、通知、调查报告、网络应用文体、家书、简历、求职信、辞职信等应用文写作知识。书中对各类应用文的内涵、特点、格式、写法、要求和技巧做了具体阐述，还设有典型例文进行写作指导，通过强化训练，提高学生的应用文写作能力。

本书既可作为高职高专院校各专业应用文写作课程的教材，也可作为广大机关公务人员、文秘工作者等的自学参考书。

图书在版编目（CIP）数据

应用文写作 / 李凯主编. —北京：科学出版社，2020.8

ISBN 978-7-03-065170-9

Ⅰ. ①应…　Ⅱ. ①李…　Ⅲ. ①汉语－应用文－写作　Ⅳ. ①H152.3

中国版本图书馆 CIP 数据核字（2020）第 083061 号

责任编辑：冯　涛　徐仕达　都　岚 / 责任校对：马英菊

责任印制：吕春珉 / 封面设计：东方人华平面设计部

科学出版社出版

北京东黄城根北街 16 号

邮政编码：100717

http://www.sciencep.com

三河市良远印务有限公司印刷

科学出版社发行　各地新华书店经销

*

2020 年 8 月第 一 版　开本：787×1092　1/16

2021 年 8 月第四次印刷　印张：10 1/4

字数：237 000

定价：32.00 元

（如有印装质量问题，我社负责调换〈良远〉）

销售部电话 010-62136230　编辑部电话 010-62135927-2014

掌握应用文写作知识，提高应用文写作水平是机关、团体、企事业单位工作人员的必备技能，也是一个有素养的现代公民的基本素质之一。本书以“通用、适用、实用”为原则，根据高职高专院校学生的认知特点，结合高职高专学生日常学习和生活中经常使用的应用文文体来构架体系，以提高其应用文写作水平。

本书具有以下特点。

一、通俗易懂，突出实用。在行文上，将应用文写作的理论尽量简化和通俗化，突出应用文写作的可操作性和实用性。在文种的选择上，着重介绍条据、总结、计划、通知、调查报告、网络应用文体、家书、简历、求职信、辞职信等常见的应用文文体。

二、注重培养实际应用和操作能力。本书中的每一种文种都有范本和行文格式，其目的是用简要的方法，使学生快速掌握文体运用的方法，提升其文字表达能力。从第二章开始，每章后附有“写法指导”和“实训提升”，便于学生理解和学习，使学生获得较为系统的能力训练，达到学用结合、学以致用的目的。

三、内容新颖，贴合时代特征。本书充分考虑时代性，增加了网络应用文体的内容，与日常生活联系紧密。

本书由李凯担任主编，由沈阳担任副主编。具体编写分工如下：第一～八章由李凯编写，第九、十章由沈阳编写。

本书在编写过程中，借鉴和参考了大量的文献资料，以及一些专家学者的理论和观点，在此向相关作者表示衷心的感谢。

由于编者水平有限，书中难免存在疏漏与不足之处，恳请广大读者批评指正，并提出宝贵意见和建议。

编　者

2019 年 10 月

目录

第一章　应用文基本知识

学习目标

1. 了解应用文的种类和特点。
2. 了解应用文的主题。
3. 了解应用文材料的含义和使用方法。
4. 了解应用文的结构。
5. 了解应用文的语言及表达方式。
6. 掌握应用文的修改技巧。

案例导入

××公司春节放假通知

各单位:

为使广大职工群众能够欢乐祥和地度过新春佳节，根据《国务院办公厅关于××年部分节假日安排的通知》，结合公司当前的生产经营情况，现将春节放假调休安排通知如下:

（1）2月17日至3月1日放假。其中，2月19日至2月21日为法定假日，2月18日、23日、24日调休，2月22日、3月1日为公休日，2月17日、25日至28日为带薪休假。3月2日上班。

（2）配合生产的辅助单位根据生产线生产情况具体安排。生产时间需要临时调整时以临时通知为准。各单位要做好停产生产线防冻工作，确保节后生产顺利开工。各单位安排好值班人员，检查工作。

（3）销售、供应、运输等部门，安排好假日期间的正常业务工作。

（4）凡在假日期间安排检修设备的部门，务必于假日之前将加班审批表报办公室。

（5）假日期间对厂区实行封闭，凡需要进厂人员，应将其名单报公司办公室办理节假日进厂证明。

（6）严格检查各仓库的管理记录，检查仓库技防设施是否正常运行，发现问题及时上报；检验应急救援体系的运作情况，出现突发事故须立即响应并发挥有效作用。

（7）各单位要做好节前安全、保密、保卫教育，抓好防火、防盗等安全工作检查，加强防范措施，消除隐患，做好节后开工上岗等教育，保证开工顺利。

××有限公司

20××年2月1日

（资料来源：佚名，2019. 公司关于2016年春节放假通知范文[EB/OL]. https://wenku.baidu.com/view/13c84adc814d2b160b4e767f5acfa1c7ab008235.html.）

案例点评：

此案例是应用文中常见的一种形式——通知。通知的种类较多，格式一般由标题、主送机关、正文、落款、日期等组成。此案例格式正确，表述清晰，写明了通知事项的内容，通知中涉及的事项、时间、活动内容清楚无误。

一、应用文的特点

应用文作为一种文体，与其他文学作品的写法相比较，除具有一定的共性外，还有其自身的特点。

（一）实用性

应用文最大的特点在于实用，实用是应用文与其他文体的主要区别之一。一般文学作品的创作是“有感而发”的，如诗歌、散文、小说等文学作品主要表达人们的喜怒哀乐，抒发理想，反映现实。而应用文的写作主要是为了解决实际问题，是“有事而发，

无事不发”。例如，在通信不发达的年代，和远方的朋友联系要写信；借款须立字据；向上级汇报工作、反映情况，要写报告；推销产品，要写广告等。总之，应用文是为了解决实际问题而写的，因此又被称为实用文，是“为实用而作之文”。

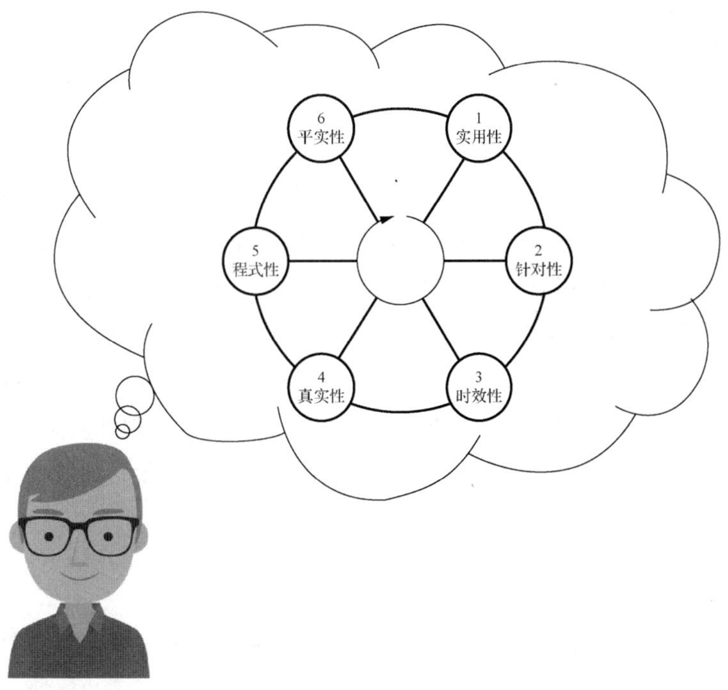

（二）针对性

应用文的写作有明确、直接的对象。例如，信写给谁，字据立给谁，报告打给谁，都有对象，即使是一些广告、启事也是针对有关消费者、知情者的，只不过对象的范围大一些。而文学作品的阅读对象往往是不明确的，没有严格的针对性，如一首诗、一部小说、一篇散文，谁都可以看，雅俗共赏。

（三）时效性

应用文是为了解决实际问题而写的，因此它的时效性很强。如果出现问题，就必须及时反映，拖延时间会给工作、生活等方面带来不利影响。尤其是当今社会，市场竞争激烈，如果信息传递得慢，企业随时会有被淘汰的危险；如果信息传递得及时，就会使企业效率提高。相对而言，文学作品的写作时效性不强，像《红楼梦》写作超过了十年，欧阳修的《醉翁亭记》写好后又经过很长时间的琢磨、推敲和修改，才有了现在我们读到的千古名篇。

（四）真实性

应用文写作必须讲究真实、客观，实事求是地反映问题和情况，不能像文学创作那样，可以虚构或进行艺术再加工；也不能发挥主观想象、夸大其词，否则就会歪曲事实真相，给社会带来不良影响。

（五）程式性

应用文写作有其特定、惯用的格式，即程式性。这些格式，有些是在长期使用的过程中逐渐约定俗成、相沿成习的，有些是为了实际需要由国家有关部门统一规定的。例如，书信的格式、公文的格式、合同的格式等，每一种应用文包括哪些内容，哪些内容在前，哪些内容在后，全文分几部分，都应严格遵守，不得标新立异，也不能像有些文学创作那样，随意编排，自由联想，打破时空观，讲究情节的曲折变化等。应用文的格式也不是一成不变的，随着社会的发展，人们生活习惯和观念的变化，应用文写作的格式也会发生变化，使它更加能够满足人们表情达意的需要，更加顺应社会发展的需要。

（六）平实性

由于应用文注重实用，它的语言也讲究务实，即语言简洁、朴实、明白、准确、规范，便于理解和执行，不能像文学创作那样讲究生动、形象、含蓄、朦胧，或者以取悦、打动读者为目的。平实是应用文写作的基本风格。

二、应用文的种类

按照应用文的功能划分，可将其分为两类：通用类应用文和专用类应用文。

（一）通用类应用文

通用类应用文是指人们在办公或办事中普遍使用的文书，包括党政机关公文、事务文书、个人事务文书等。

1. 党政机关公文

根据 2012 年 4 月 16 日由中共中央办公厅和国务院办公厅联合印发的《党政机关公文处理工作条例》（中办发〔2012〕14 号）中所规定的文种，包括决议、决定、命令（令）、公报、公告、通告、意见、通知、通报、报告、请示、批复、议案、函、纪要，共计 15 个。

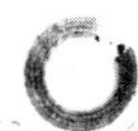

关于对我县××水泥厂实现安全生产的表彰通报

我县××水泥厂采取有力措施，切实贯彻执行《安全生产条例》，建立安全岗位责任制，2017年全年生产无事故，成为我县连续三年安全生产的优秀企业。为此，县政府决定对××水泥厂给予通报表扬，并奖励锦旗一面、奖金10万元。

县政府号召全县各企业以××水泥厂为榜样，层层建立健全安全生产岗位责任制，扎扎实实抓好安全生产，争创安全生产企业，把我县安全生产工作推上一个新台阶。

××县人民政府

2018年3月14日

2. 事务文书

事务文书包括调查报告、工作总结、述职报告、简报、计划、规章制度和会议材料等。

班级外出郊游暂行规定

郊游是有益学生身心健康的一项活动。在郊游活动中可以使学生亲近大自然、感受大自然，从而能够陶冶情操，更加热爱生活，追求美好未来。为确保学生在郊游活动中的生命财产安全，特制定本规定。

（1）班级郊游一般每学期进行一次，至多不超过两次，每次安排一天时间。

（2）班级郊游活动，应事先由班主任向学生处提出书面申请，经学生处和保卫处同意并报学校领导批准后方可进行。郊游申请内容包括：郊游路线、郊游人数、郊游时间和郊游安全措施。

（3）郊游过程中严禁到没有饮食安全保障的小摊点购买食品和饮料，严防食物中毒。

（4）严禁在郊游活动中酗酒滋事、惹是生非。

（5）郊游过程中严禁游泳，攀爬危险地段，参与不安全活动。

（6）郊游过程中要以组为单位进行活动，严禁个人单独行动和私自离队，否则后果自负。

（7）郊游结束返校后，要及时报告学生处及保卫处，学生处、保卫处要做好登记工作，以备查。

（8）凡违反本规定擅自组织郊游的，学校要给予组织者相应的处分；凡造成安全事故的，组织者要承担经济责任及相应的法律责任。

（9）本规定自发布之日起执行。

（10）本规定的解释权属于学生处、保卫处。

××学校

二〇一八年三月二日

（资料来源：张芹玲，2013. 应用文写作教程[M]. 北京：高等教育出版社.）

3. 个人事务文书

个人事务文书包括日记、读书笔记、各类信函等。

2018年9月5日　　星期三　　晴

今天是军训的第一天。早上7点半，我们穿上绿色的军装，开始了大学生活的第一个旅程——军训。“流血流汗不流泪，掉皮掉肉不掉队”是我们的口号。它充分体现着一种顽强拼搏的精神，我们正是以这种精神来面对大学生涯的第一次考验。

太阳不留一丝情面地往我们身上传送着热量，整个训练场如同火炉一般，将我们身上烤得炙热。从立正到稍息，从齐步走到正步走，每一个人都不敢有丝毫的放松。或许是暑期的生活过于松散，使得有部分同学因站姿保持太久，或是受不了太阳的炙烤而晕倒了，但绝大多数的同学都在坚持着、坚持着……

军训虽然苦，但它却给我们的人生增添了亮丽的色彩与美好的回忆。今后，无论在人生中面对何种困难，我们都会以坚强不屈的精神，顽强的意志去面对，而这种精神将成为我们一生的财富。

（资料来源：佚名，2019. 军训的日记4篇[EB/OL]. https://www.diyifanwen.com/zuowen/junxunriji/4606939.html，略有改动.）

（二）专用类应用文

专用类应用文是指专业性较强的文书，包括科技、财经、司法、传播、外交、军事等类文书。

刑事自诉状

自诉人：姓名：________性别：________年龄：________民族：________
工作单位：________________________________电话：________________
住址：____
被告人：姓名：________性别：________年龄：________民族：________
工作单位：________________________________电话：________________
住址：____
案由和诉讼请求（被告人被控告的罪名和具体的诉讼请求）：

____

事实和理由（被告人犯罪的时间、地点、侵害的客体、动机、目的、情节、手段及造成的后果。有附带民事诉讼内容的，在写明被告人的犯罪事实之后写清。理由应阐明被告人构成的罪名和法律依据）：

____

证据和证据来源，证人姓名和住址（主要证据及其来源，证人姓名和住址。若证据、证人在事实部分已经写明，则此处只需点明证据名称、证人详细地址）：

____

此致

××人民法院

自诉人：××

××××年××月××日

（资料来源：王敏杰，2012. 应用文写作实训[M]. 镇江：江苏大学出版社.）

三、应用文的主题

（一）主题的含义

任何文章都有主题，主题是撰写者通过文章内容所表达的基本精神或基本观点。应用文的主题与文学作品中的主题是有区别的。文学作品中的主题是作者对所论述的人物和事件的基本看法，它不直接表现，而是通过艺术形象或具体事件借题发挥，或者托物言志，一般来说比较含蓄。应用文写作的目的性和指导性很强，它总是根据某种实际需要而写作，或为说明问题，或为处理事务，或为规范行为。应用文的主题是撰写者在传达政策、告知事项、沟通信息、交流工作时提出的某个明确的主张、看法、办法和措施等，是事物的客观意义和作者对事物的主观评价在文章中的高度统一。

一篇应用文质量的高低、价值的大小，要从观点、材料、结构和语言等诸多方面判断。其中，最主要的是看它的观点是不是正确。如果观点错了，就如同人走上了邪路；如果观点含糊，行文就会杂乱无章，文章的意图就不能明确地表达。主题在文章中处于支配地位，文章材料的取舍、结构的安排、语言的运用、表达方式的选择，甚至标题的确定，都要由主题来决定，只有这样，才能使该应用文的意图清楚地表达出来。

（二）主题的要求

主题是应用文的根本，是控制全篇、决定文章成败的关键。写应用文一般是先立主题再组织材料，或者在组织材料的过程中确立主题。

应用文的主题决定材料的取舍，统领文章的结构，并制约着语言的运用。

应用文的主题必须符合以下要求。

1. 正确

主题正确是应用文的基本要求，正确的观点是正确思想的集中表现。因此，我们必须努力学习党的方针政策，不断提高思想政治水平，深入实践，反复研究，以树立正确的观点。

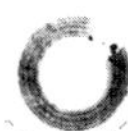

2. 集中

应用文基本观点的表达要概括集中。一篇应用文要集中表达一个基本观点，这个基本观点统领全文，是文章的核心，写作时要用简明扼要的语言把全文的基本观点做概要的表述。

3. 鲜明

应用文要鲜明地表达出作者对客观事物所持的基本观点、主要评价和主张，点明问题的本质和关键。如果主题不明确，就需要读者慢慢去琢磨它要表达的意思，这不仅会影响办事效率，而且容易使读者在理解上产生歧义，带来不良后果，违背应用文实用性的原则。

（三）主题的表现

应用文在表现主题方面的独特之处体现在以下几个方面。

1. 题中见意

题中见意就是在标题中直接点明主题，如《国务院关于实行最严格水资源管理制度的意见》，标题就直接点明了该文的主题是“实行最严格水资源管理制度”。

2. 开宗明义

开宗明义就是在文章开头部分亮出观点，点明主题，给人以鲜明的印象，然后再逐步展开阐述。在文章开头点明主题，使读者读了开头就能明白全文的主旨。

3. 文中点意

文中点意就是在行文中把揭示主题的观点放在段首或段尾，这种方法适用于较长的文章。长篇文章划分为若干段，每段用一个观点句统领全段，如《人民日报》2012 年 2 月 20 日“时代先锋”栏目刊登的通讯《生命灿烂有绝色——记工程院院士、兰州军区总医院骨科中心主任葛宝丰》，用“93 岁依然救死扶伤”“65 载创新活力不减”“一辈子育才桃李满园”三个观点句，从三个方面报道这位军医的光荣事迹。

4. 篇末结意

篇末结意就是在文章结尾处，用简明扼要的文字归纳主题，加深读者的印象，如人民网四评“自媒体账号乱象”之二——《人民网评：让“没底线”的谣言无法蛊惑人心》，文章结尾写道：“今天，信息化为中华民族带来了千载难逢的机遇，网络生态是否天朗气清，网络空间是否安全可信，事关 8 亿多中国网民的福祉。坚决抵制网络谣言，严厉惩治造谣传谣者，我们才能从网络中收获更多获得感、幸福感和安全感。”①

四、应用文的材料

（一）应用文材料的含义

材料是构成文章的基本要素之一，是写作的基础。写作应用文，需要十分重视收集、积累材料。应用文写作的材料是写作者在日常工作生活中收集到的、确立和表现文章观点的事实情况、数据引语等。一篇应用文的质量如何，常常取决于作者所掌握和使用的材料。如果说观点是应用文的灵魂，那么材料就是应用文的血肉，材料是确立应用文观点的基础。写作一篇应用文，必须拥有充分的材料，然后根据主题选择材料。落笔之前，应用文的主题或观点要靠材料来表现和证明。

新颖的材料具有强烈的时代感，能给读者新鲜感，有吸引力，让人喜欢看，更容易达到写作目的。

---

① 宁平，2018. 人民网评：让“没底线”的谣言无法蛊惑人心[EB/OL]. http://opinion.people.com.cn/n1/2018/1024/c1003-30360315. html.

（二）应用文材料的使用

有了优质的材料，如果不好好使用，也难以形成一篇好的应用文。因此，在材料的收集和选择之后，还要重视材料的使用。如果使用得好，就有力地表现了主题；如果使用不当，就削弱了主题。应用文材料的使用要注意以下几点。

1. 材料与主题相统一

应用文的主题是全文的灵魂，材料是全文的血肉。主题是从对材料的分析、归纳中形成和确立的。主题确立之后，要用材料来加以说明、证实。因此，应用文的主题与材料必须统一。

2. 材料与文体相符合

有些材料仅作为写作应用文的依据，材料本身并不写入文章；有些材料作为文章的论据或主体，必须写入文章。为了达到更好的效果，且更具有说服力，对选出的材料要根据文体的需要进行取舍。取舍是否得当，将直接影响文章的成败。材料取舍的标准是服从观点的需要，能充分说明观点的就取，不能充分说明观点的就舍。

3. 材料详略得当

应用文写作要根据材料的主次做到有详有略、疏密相间、重点突出。作为主要论据的材料应当详细地写，辅助材料要简略地写，这样才能突出重点。说明现实问题的、新观点的材料应详写，历史性的材料应略写。读者不了解的或特别想了解的要详写；反之，就略写。

五、应用文的结构

（一）结构的含义

结构，又称谋篇布局，是指文章内部的组织和构造。它是作者按照主题的需要，对材料进行的有机组合和编排。文章的结构具有两重含义：一是宏观结构，即文章的总体构思、大体框架；二是微观结构，即对文章的层次、段落、开头、结尾、过渡、照应和主次的具体设计。

如果把观点看作灵魂，材料看作血肉，那么结构则是整篇文章的骨架。

（二）应用文的逻辑结构

应用文的结构从思维形式看，是逻辑结构；从语言形式看，是篇章结构。应用文的撰写者一般先形成逻辑结构，再形成篇章结构，而阅读者则先了解篇章结构，再了解逻辑结构。逻辑结构一般分为以下几种。

1. 篇段合一式结构

篇段合一式，即一篇文章的正文部分仅有一个自然段。

2. 总分式结构

总分式结构包括总分式、分总式、总分总式三种类型。这三种类型在应用文写作中很常用。

（1）总分式

用演绎法处理结构，就成为先总后分式，即把全文的内容集中概括成一个总的或基本观点，放在全文的开头，然后再分成几项或几部分依次加以说明或论述。应用文往往是先提出总方针、总政策或基本原则作为依据或指导，然后再推论或引申出具体方案、意见、措施等。这种结构方式多用在贯彻执行有关方针、政策、法令、制度等的文书中。

（2）分总式

用归纳法处理结构，就成为先分后总式，即把全文的内容分成若干部分或条款，首先按顺序依次列出情况，然后加以归纳，得出一个结论。应用文先分述一系列具体材料，然后根据这些材料总括出结论。这种结构方式，多用在需要多种材料来证明阐述一个观点的文书中，如调查报告、总结等。

（3）总分总式

这种类型是先总述后分述，最后再予以总结。在解决复杂问题时，应用文的结构也往往比较复杂，常常把先总后分、先分后总两种情况结合起来。

3. 分条列项式结构

分条列项式结构是指把众多复杂的内容，按其性质分成若干项予以表述，每一项前用数字表明顺序。例如，会议议程常用这种结构形式。

4. 事理层进式结构

事理层进式，又称递进式，是指以事物或某种现象为脉络，阐明一定的道理或观点的结构形式。这种结构形式，常常包含在总分结构中。在分论的时候，各分论点之间不是平行的，而是纵向展开、逐层深入的。因此，各部分的先后次序不能随便改变，它们的先后位置要按照事物、事理的内部逻辑联系来安排。

5. 图表式结构

图表式结构是指根据内容的性质，分设若干项，把内容表格化，逐项填写。这不仅节省了文字，而且醒目、直观，不易产生歧义。会议日程安排表和经济合同常用这种结构形式，但单独使用的不太多，通常需要结合其他结构形式使用。

上述几种结构形式都是根据写作目的和内容的需要来确定的，在使用中常常相互交叉、相互结合。

（三）应用文的篇章结构

1. 开头

开头是应用文的重要组成部分，应为表达观点服务。文学作品的开头讲究含蓄形象，而应用文的开头一般开门见山、直入主题。应用文常用的开头方式包括概述式、根据式、目的式、原因式、引文式等。

概述式：开头概括叙述基本情况，使读者了解写作意图，产生总体印象。例如，调查报告、总结常用这种方式开头。

根据式：开头写明行文的根据，如根据有关政策和上级文件精神，增强应用文的权威性。例如，公文中的决定、通知等常用这种方式开头。

目的式：开头表明行文目的，用“为”“为了”等词语引出下文。例如，工作计划、规章制度等常用这种方式开头。

原因式：开头直接交代写作原因，常用“由于”“鉴于”等词语引出下文，有的用叙述的表达方式直接说明原因。例如，公文中的通报、函常用这种开头方式。

引文式：开头引用其他文章的内容作为写作应用文的依据。例如，公文批复，开头一般引用下级的请示内容，再针对请示内容做出答复。

2. 结尾

应用文的结尾，既要符合文种要求，又要做到语言简洁，意尽言止。应用文常用的结尾方式包括总结式、号召式、说明式、祈请式等。

总结式：结尾总结全文，点明主题。例如，调查报告、总结常用这种结尾方式。

号召式：结尾发出号召、提出希望和要求。例如，通报、会议报告、讲话稿常用这种结尾方式。

说明式：结尾时对与内容有关的问题加以说明。例如，规章制度在结尾时说明从何时开始执行。

祈请式：结尾用诚恳的语言表达愿望。例如，“请予大力支持为盼”“此请当否，请予批复”等。

应用文有时也用自然结尾的方式。例如，用“特此通知”“特此报告”等词语结尾，或在主体内容写完后，不加其他任何文字，自然结束。

3. 段落

段落是组成文章最基本的、相对独立的结构单位，是在表达文章主旨时，由于转换、强调、间歇等情况而形成的文章分隔和停顿。

应用文在划分段落时要注意以下事项。

（1）意义单一

每一段内容只能集中表达一个中心意思。一段内容不论由多少句子组成，所表达的意思必须是统一的，必须为表达这一段的主旨服务，不要将几个意思夹杂在一段中。

（2）内容完整

每一段都要相对完整地表达出中心意思。一段内容不论长短，都应该将一个意思表达完整，使这段内容成为一篇文章中一个相对独立的部分，而不要将一个完整的意思分成几个段落来表述。

（3）长短适度

每一段内容不能过长或过短。若过长，则增加阅读难度，让人难以把握；若过短，则难以将意思表达完整清楚。

4. 层次

层次是应用文思想内容的表现次序，它体现作者的思路。一篇应用文的内容是否有逻辑性，能否恰当地表现主题，主要取决于层次的安排。

层次和段落既有联系又有区别。有时一个段落正好反映一个层次，但是一般而言，层次大于段落，即由几个段落组成一个层次。层次清楚、段落分明，是文章结构最基本的要求。常见的层次安排有以下几种方式。

1）以时间为序。这种方式就是根据时间推移来安排层次。

2）以空间为序。这种方式就是以空间的变换标志来安排层次。

3）以问题为序。这种方式就是以文章所反映的问题来安排层次。

4）以工作和活动的发展阶段为序。这种方式就是以一项工作、一个事件、一次会议或活动的发展阶段为序来安排层次。

5. 过渡

过渡是指文章的段落与段落、层次与层次之间衔接、转换的方式。它的作用是使文章上下文之间结构紧凑、脉络畅通，以形成一个有机整体。应用文一般在以下几处需要过渡。

（1）内容开合处

内容由总到分或由分到总时需要过渡。例如，报告在陈述基本情况后，用“现将有关情况报告如下”过渡到下文；又如，总结用“综上所述”从分述过渡到总述。

（2）意思转换处

文章内容由一层意思转换为另一层意思时需要过渡。例如，常用“另一方面”“但是”等词语进行过渡。

（3）表达方式变动处

当文章的表达方式变动时需要过渡。例如，由叙述转为议论、由概括叙述转为具体叙述、由顺序转为倒叙或插叙、由一种论证方法转为另一种论证方法等都需要过渡。

6. 照应

照应是指文章前后内容上的相互关照、呼应。它的作用是使所表述的事情得到补充、强调。应用文中的照应主要有以下几种方式。

1）首尾照应。这种方式就是开头与结尾相呼应。

2）前后照应。这种方式就是文章前面提到的，后文要有着落；后文写到的，前文要有铺垫。

3）题文照应。这种方式就是文章的内容要与题目相呼应，对标题要做解释和交代。

（四）应用文结构的基本要求

1. 完整性

应用文安排结构的目的就是要把全部内容组织成有机整体，这就要求文章的结构具有完整性。各个部分既不能各自孤立，又不能相互矛盾，而是要密切地联系在一起，共同为阐明一个基本观点服务。

2. 条理性

应用文以解决实际问题为目的，应该有明晰的条理，观点材料要明确、充分。为了更切实地解决问题，应用文不能像文学作品那样曲折含蓄，而是必须让读者明白哪些是观点，哪些是材料。

3. 严密性

为了保证应用文各个部分之间的紧密联系，使全篇构成一个有机整体，就必须要求各部分之间有严密的逻辑性。首先，要求材料和观点统一，各个小观点之间也要相互配合，共同为阐明、论证基本观点服务。其次，要找到各个部分之间逻辑上的必然联系。最后，要全面地考虑问题，不能顾此失彼，不能强调一面就忽视另一面。总之，思考严谨周密，经得起推敲，表现在结构上就不会破绽百出。

（五）应用文安排结构的基本原则

1. 正确反映事物的客观规律和内在联系

应用文的结构必须按照事物发展的规律和内在联系来加以安排，如基本观点和从属观点之间、从属观点和从属观点之间、从属观点和材料之间、材料和材料之间采用什么结构，怎样排列，这些都应根据事物的内在联系而定。结构安排得当，能使原本杂乱无章的材料融合为一个有机的整体，真正体现事物的客观规律和内在联系。

2. 服从并服务于主题

结构的问题，就是安排开头结尾、先后次序、段落层次、衔接照应等问题。这些问题的处理都要紧紧围绕主题来展开。如果离开了主题，全篇的内容就无法系统安排。因此，我们必须围绕主题来安排结构。

3. 适应文体要求

安排结构时要适应不同文体的要求。文体不同，结构的样式和要求也会不同。

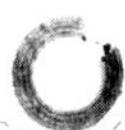

六、应用文的表达

（一）应用文的主要表达方式

应用文的表达方式是作者借助语言文字反映客观事物的方法和手段。表达方式是文章构成的要素之一。写作时，应当根据主题的需要和文体的特点来运用不同的表达方式。

应用文的主要表达方式有叙述、说明、议论、描写和抒情五种，常用的是前三种，后两种只偶尔在消息、广告和调查报告等文种中出现。即便是前三种表达方式，应用文与其他文章也有明显区别。

1. 叙述

叙述是把人物的经历或事物发生、发展、变化的过程表述出来。应用文写作离不开叙述，通过叙述，介绍情况、反映动态，为制定政策或做出决策提供依据，有力地促进了工作的开展。叙述的方式有很多，这里主要介绍以下两类。

（1）按顺序分，有顺叙、倒叙、插叙

顺叙：按照人物的经历或事物发生、发展的先后顺序进行的叙述。这是一种最基本的叙述方法，它从头到尾，脉络分明，给人以完整的印象，读者易于接受。运用这种方式，要注意材料的取舍，既不能罗列现象，也不能平均用墨。

倒叙：根据内容表达的需要，把事件的结局或最突出的片段提到前面来写，然后再回到事件发生、发展的时间顺序上接着叙述。恰当使用这种表达方式，能够制造悬念，突出重点，提高读者的阅读兴趣。写作时要注意，在由倒叙转为顺叙时应有过渡，使文章衔接自然。

插叙：在叙述的过程中，由于表达的需要，暂时中断原来的叙述，插入有关的另一件事情进行叙述。运用这种表达方式，可以增加文章的容量，使文章表达得更加充分严密。运用插叙时，一要看内容是否需要，二要注意文字不宜过多。

（2）按详略分，有概述和详述

概述：这种方式是比较浓缩的、概括性的叙述。概述能加快文章的节奏，增加内容的广度，开阔读者的视野，给人一个整体的印象。概述是应用文写作最常用的叙述方式之一，不做精雕细刻，只是粗线条勾勒。

详述：这种方式是充分展开的具体叙述。详述的内容丰富、介绍详细，使读者更多地了解有关情况。

2. 说明

说明是用简洁的语言解说事物、阐释事理，将说明对象的形态、性质、特征、功能及成因等解说清楚。应用文写作常常使用说明，主要用于表明目的或依据、总结成绩和不足、归纳经验和教训、介绍有关情况等。常用的说明方法有以下几种。

（1）定义说明

定义说明就是用简明的语言揭示事物的本质属性。这种说明方法使读者明确概念，了解事物之间的区别，要求语言准确、具有科学性。

（2）诠释说明

诠释说明就是对说明对象的性质、特征、构成、功能、用途等作具体的解释。运用诠释说明，表达要精确、言简意赅，切忌言不及义、含糊其词。

（3）分类说明

分类说明是指按照一定的标准将说明对象分成不同的类别，然后逐一加以说明。分类说明可以显示不同事物的差异性，便于读者掌握不同类型事物的特征。

（4）举例说明

举例说明是指举出实例来说明事物，把抽象、复杂的事物或事例说得具体清晰，以增强说服力。举例说明要有真实性和典型性，举例应扼要，只概括介绍，不具体展开。

（5）比较说明

比较说明是指通过事物之间的相互比较来突出其特征。运用比较说明需注意比较的

事物要有明确的相比点，要尽量用人们熟悉的事物来比较。

（6）引用说明

引用说明是指援引有关资料来增强文章的真实性和说服力。引用说明要引得恰当、准确，不能堆砌材料。

（7）数字说明

数字说明是指用数字说明事物，使读者从量的方面认识事物的本质特征。数字的来源要可靠，表达要准确。

（8）图表说明

图表说明是指用图形、表格的方式来介绍有关情况。图表说明要合乎规范，与文字表述巧妙结合。

3. 议论

议论就是议事论理，通过概念、判断、推理等逻辑思维方式，对事实、事理进行分析、议论，以明辨是非、阐发道理，从而表明作者的态度和见解。

应用文的议论同一般议论文的要求不一样。一般议论文为了充分阐明事理、说服对方，要求完整地具备论点、论据、论证三要素，并要求有严密的逻辑推理过程，分析不仅力求深透，而且要求全面周到。应用文侧重实际问题的解决，要求以确凿的事实为基础，以切实的政策、法规为依据，论证力求简明，议论要抓住要点，不能滔滔不绝地发表长篇大论。通常的议论方法有以下几种。

（1）例证法

例证法是指以事实为论据证明论点的论证方法。这种议论方法是运用归纳推理的形式进行论证的，说服力强，易于被读者接受。运用例证法，要以真实、典型的事实为依据，要善于对事实进行科学的归纳。

（2）引证法

引证法是指引用权威性论述、科学上的公理及定理、生活中的道理等来证明论点的论证方法。引证法的关键在于所引用的内容真实可信，而且少而精。

（3）因果法

因果法是指通过分析问题揭示事物本身的逻辑关系，从而证明论点的正确性的论证方法。使用这种论证方法时要注意逻辑的严密性。

（4）喻证法

喻证法，又称为比喻论证法，是议论文中用人们熟知的事物来做比喻证明文章观点的一种论证方法。使用喻证法时，要特别注意比喻是否恰当、是否切合实际，能否说明问题。

（5）类比法

类比法是指根据两种事物在某些特征上的相似性，从而推导出在其他特征上也相似的结论的论证方法。用作类比的事物之间必须有相似点，相似点越多，推理出的结论就越可靠。

（6）对比法

对比法是指将两种性质、特征截然相反的事物加以对照，使它们的本质显现得更加鲜明突出的论证方法。要注意两种事物必须是对立的，能够帮助人们分清是非。

（7）反证法

反证法是指不从正面直接证明自己论点的正确，而是从证明与自己论点相反的论点的不正确入手，来间接证明自己论点正确的论证方法。要注意两个论点性质相反，不可共存。

（8）归纳法

归纳法是指以事实为论据，从许多个别事例中归纳出一般性结论的论证方法，即先分析后综合。

（二）应用文的表达特点

1. 直接性

由于应用文以实用为目的，运用表达方式时要使读者一目了然，与文学作品中运用表达方式有很大的差别。例如，叙述，要求朴素、准确，不要求铺叙，也不要求情节的曲折、生动、离奇和引人入胜；说明，只求平实、简洁、恰当；议论，体现简明性，其笔调往往是论断式、评论式和总结式。这几种表达方式的运用，都体现了直接性的特点。

2. 概括性

应用文写作的表达讲究高度的概括性，笔墨集中、要言不烦。具体地说，在应用文写作中，不要求详细陈述事物的发展过程，而是要抓住事物的特征进行叙述；不需要面面俱到地解说事物和事理，而是以简约的文字说明应该怎样做、不应该怎样做；不需要作反复的推理和多次的证明，而是应当一针见血地进行评析、单刀直入地提出观点。

3. 综合性

应用文种类繁多，它是以性质和用途分类的，不像记叙文、说明文、议论文等以表达方式为主要标准划分文体。在应用写作中，虽然个别文体以一种表达方式为主，如产品说明书重在说明、总结重在叙述等，但更多的文体是叙述、说明、议论综合运用，如讲背景、经过、情况时用叙述，解释原因时用说明，分析性质、下结论时用议论。

在实际写作过程中，这三种表达方式往往互相交织、互相融合。特别是在说明一些比较复杂问题的应用文中，必然要运用多种表达方式，才能充分完整地将内容表述清楚。

七、应用文的语体

（一）应用文语体的种类

所谓"语体"，是指各类文章由于体裁的不同，各自所具有的语言运用特点的体式。具体来说，就是根据主旨表达的需要，选用相应的文体，不同文体有不同的语言运用特点，形成语言体系，即由词汇、语法、修辞手法及章法等语言材料、表现方法等共同构成的体系，统称语体。

应用文的语体以实用为目的，大致可以分为三种：事务语体、科技语体和宣传鼓动语体。

1. 事务语体

事务语体主要用于事务文书和行政公文，按不同的文体及其应用场合形成了若干固定的格式。这类语体措辞准确、庄重，句法完整、严谨，避免夸张、拟人等形象描写手法，叙述有条理、论理有逻辑、书写有格式。事务语体的特点如下。

（1）具有准确性、简明性、程式化等特点

事务语体具有实用性，而且要求及时，针对性强。因此，其语言必须准确，内容必须简明扼要，行文必须严格按照一定的格式。

应用文的开头、结尾、过渡等结构中，常有一些习惯用语。例如，开头用语有"兹因""为了""根据""关于""遵照"等，这些词语作为导语或引语，在应用文的开头提出根据或理由；结尾用语有“为要”“为盼”“为荷”“此复”“此致敬礼”等，这些词语具有不同的功用，含有不同的语气，使用时要根据需要加以选择；过渡用语有“为此”“对此”“因此”“据此”等，这些词语常用于陈述情况、事实和理由之后，引出办法、措施和意见的过渡词语，具有照应的作用。

（2）用词简洁

应用文经常使用一些专用词汇和一些习惯用语，并保留一些古语词，如“特此函达”“当否，请批示”“值此……之际”“此致”“为荷”“欣悉”“欣逢”等。

（3）句法要求严格

句式周密严谨，句子结构完整。在修辞上，一般不用比喻、夸张、拟人等修辞格。

（4）篇章结构规范

事务语体有严格的要求。例如，公文包括眉首、主体、版记三个部分，运用公文体式；又如，书信和简报都有约定俗成的格式。

2. 科技语体

科技语体主要用于专业文书，科技语体的特点是大量运用术语、符号、公式和图表；句式平整、变化少；一般不用修辞格；语言平实，多采用客观性描述方式。

掌握科技语体是从事应用文写作的前提之一。例如，财经行业的范围比较大，其专业用语也较多，财政方面有预算、决算、税收赤字等；财会方面有固定资产、流动资金、发票、收据、凭证等。这些术语对写作应用文是非常重要的。

科技语体要求概念准确、判断严密、推理周密。也就是说，要有明确的论题，运用充足的论据，进行科学的论证。表达方式主要以议论为主。

3. 宣传鼓动语体

宣传鼓动语体主要用于新闻、广告、讲话稿等。例如，新闻通过对新闻人物和新闻事件的阐述，表彰先进，批评错误，引导社会舆论；讲话稿通过演讲向公众进行宣传和动员，其目的在于表明自己的立场、观点，要求以理服人，并具有强烈的鼓动性和巨大的号召力。

宣传鼓动语体的特点是词语运用准确严密，运用的语言材料要求广泛，可以适当运用形象化的词语，较少使用活泼幽默的修辞格，多使用整齐对仗的修辞格。

（二）应用文语体的要求

应用文不论属于哪种语体，都属于实用语言的范畴，其共同的语体要求包括以下几个方面。

1. 准确

准确是指应用文的语言要恰如其分地表达应用文的内容，使人一看就知道这篇应用文的中心思想和基本精神。

要注意应用文语言含义的单意性，绝不能模棱两可。应用文写作是为解决实际问题，从实际出发，有明确的写作目的，作者的表达只有符合当下的客观现实，其写作才能产生现实意义。

应用文写作中涉及的人与事，一定要确有其人其事，情节、细节、数字都不能虚构。

在文字表述上，要做到准确鲜明，简练畅达，言简意赅，直白而不含蓄，不能有歧义。

当然，还有其他的细节问题，如标点符号错误或写错别字，同样也会损害应用文语言的准确性。有时候一个标点符号之差、一字之差，就会引起法律纠纷。因此，对于这些问题也应给予高度重视。

2. 简练

简练就是语言要简练，但意思却能充分明白地表达出来。简练包含两层含义：一是简洁，二是精练。

简洁是基本要求。写得简洁，能节省时间，提高办事效率。究竟怎样才能做到简洁呢？应用文以实用为目的，凡是不能说明观点或与观点关系不大的材料都应删去；众所周知的情况不用再具体细讲；重复的语句，不但无助于问题的解决，而且会使人生厌，应尽量少讲套话。

精练就是力求用较少的语言表达较丰富的内容。应用文要求语言精练，正是考虑到时间、精力的宝贵，是追求高效率的一种表现。精练的关键是要表达得清楚、明白。

3. 平实

平实就是语言要平易、朴实。应用文的价值在于实用，因此语言要平实，反对假、大、空、浮，尽量不用或少用修饰语，争取做到用语朴素实在。就文风而言，应尽量做到平直，叙述问题采用直陈的方式，不要在语言上哗众取宠。写作过程中，上级对下级作指示、提要求时，在用词、语气方面既要体现严肃庄重，又要做到平和透彻，使人心悦诚服；下级对上级反映情况、请示工作时，在用词、语气方面既要体现尊重、礼貌，又要避免曲意奉承。

4. 规范

应用文的结构有一定的定型性，不同文体有其固定的格式，因此，在行文过程中，要注意应用文语体的规范性，即注意标准性、规定性和统一性。例如，行政公文要按国家规定的统一标准写作，如格式、用纸、撰拟程序、立卷存档乃至数字、简称、修改符号、计量单位等的使用，都应符合国家统一规定的标准。

要培养应用文的语言表达能力，除了多听、多看、多记之外，还要多写、多练，从写作训练中把握应用文的语体风格，掌握应用文的习惯用语。

拓展阅读

提高应用文写作水平的途径

一、学习理论，钻研业务

应用文写作是一项表达研究问题、处理工作、进行交流、解决问题的严肃工作。写作应用文要具备以下条件：鲜明的政策观念，正确的思想认识，丰富的业务知识，敏捷的思维能力，端正的写作态度。

应用文写作不单纯是一个写作技巧和文章形式问题，而是“寓理之具”“贯道之器”。没有理，没有道，是难以写出文章来的。应用文文体，特别是公务文书，有强烈的思想性和政策性。写作者只有认真学习马克思主义理论，学习党和国家的方针、政策，了解形势的发展，深入社会实际，把握工作情态，才能以正确的立场、观点、方法认识事物，分析问题、解决问题。

除了学习理论知识外，还要有丰富的业务知识，熟悉自己工作范围内的业务。知识贫乏，不熟悉业务，不深入了解情况，就不可能写出内容充实、材料精确的应用文文章。特别是专业性强的应用文文书，如经济类、法律类和科技类的事务文书要有专门的知识和业务能力，才能正确地反映客观事物的规律。因此，必须认真地学好理论，深入钻研业务，这是写好应用文的基本条件。

二、培养自己的综合素质

“应用文写作”是一门实践性很强的课程，不能仅停留在应用文写作理论知识的层面，还要从培养适应现代社会需要的富有创造精神和竞争力人才的角度出发，通过严格的写作基本功训练，使自己在理论与实践的结合上掌握写作规律，提高写作的能力和水平，并在写作实践中培养自己健全的人格、高尚的情操、坚强的意志、认真的态度，提高自己的综合素质。写作实践是强化写作思路的重要环节。以写作一篇调查报告为例，

不仅要重视理论，还要重视写作实践。在写作实践中，必须走出课堂，步入社会，深入实际生活，亲自实践“调查—研究—写作”的全部写作过程，从而获得课堂上无法学到的实际写作技能。在写作之前，一定要先拟定调查提纲，查阅有关资料，熟悉调查对象的基本情况。在调查过程中，还须仔细观察调查对象的形状、特征，也可以通过提问、谈话、交往、问卷等方式进一步了解深层次的材料，并且把它记住。通过调查，亲自采集大量第一手和第二手资料，获取感性认识，这只是完成了调查报告的第一步。而要把这些感性认识上升到理性认识，还必须对材料进行“去粗取精，去伪存真，由此及彼，由表及里”的科学分析、深入研究，从中归纳出一些规律性的东西，这是调查报告写作的第二步，也是能否写好调查报告至关重要的一步。然后从材料分类、归纳，到观点提炼，再到确立全文主旨，最后到构思、结构安排，之后动笔写作。这样，不仅培养自己科学分析的意识，而且锻炼了自己独立分析问题、研究问题的能力。

三、多读、多写、多练

宋代文学家欧阳修说，为文有“三多”：看多、做多、商量多。其中，看多，即多读，就是要多读多看报刊书籍，这对于提高写作能力有着重要作用。它能开阔视野，广泛了解社会；可以增长知识，充实写作内容；可以学习写作方法。对一些佳作名篇，反复研读，仔细揣摩，从中领悟“应该怎么写”和“不该怎么写”。所谓凡操千曲而后晓声，观千剑而后识器，就是这个意思。做多，即多写，就是要进行写作实践。古人所说的“不知多读乃藉人之工夫，多做乃切实求己之工夫，其益相去远矣”，就是强调进行写作实践的意义。写作是一种能力，如同绘画、游泳一样，光靠“听讲”和“看书”是不行的，还要靠自己去写。著名的教育家、作家叶圣陶先生说得好：“所谓能力不是一会儿就能够从无到有的，看看小孩子养成走路跟说话的能力有多麻烦。阅读跟写作不会比走路和说话容易，一要得其道，二要经常历练，历练成了习惯，才算有了这种能力。”这就是说，学习写作，不但要读书悟其道，更重要的是还要变成实际能力，读别人的书和文章是吸收、借鉴，写文章最终还要靠自己去写、去表达。

（资料来源：王彩琴，王素霞，2017. 新编应用文写作[M]. 北京：科学出版社，略有改动.）

八、应用文的修改

文章不厌百回改，修改文章是为了提高文章质量。文章之所以要修改，是因为文章是客观事物的反映，人们对客观事物的认识是一个不断深化、修正的过程，也是人们由浅入深认识客观事物的过程。文章经过多次修改，才能更准确地反映客观事物的本质。

修改文章也是提高写作能力的重要途径。应用文的表现形式多种多样，同一内容可以用不同的表现形式，人们在修改文章的过程中，往往能发现自己写作的优点和不足，找到最合适的表现形式。而通过修改发现自己写作上的优缺点，往往比他人的指导更能提高自己的写作能力。修改应用文一般从以下几方面着手。

（一）应用文内容的修改

修改文章，首先要修改内容。一是检查主题是否正确鲜明。应用文目的性强，无论反映情况、说明问题、交流信息、总结经验、提出建议，都要围绕主题，因为主题是文章的灵魂和统率。二是检查应用文的材料是否恰当。要增加必要的能够说明观点的材料，删除不能说明观点或不典型的材料。

例如，求职信是毕业生向用人单位自我推荐的书面材料，求职信被称为毕业生求职的敲门砖，用人单位通过求职信了解学生主修的科目、性格兴趣、技能特长、适合从事的工作岗位、求职的期望值等。写求职信应简单介绍自己的学业、专长、应聘目的、录用后的打算等，显示参与竞争的实力。

（二）应用文格式的修改

格式规范是应用文的一大特点，除内容的修改外，还要看应用文的格式是否合适。应用文种类繁多，其格式也有区别。书信的格式应包括称呼、正文、祝颂语、落款和时间，专用书信还要写明标题，如介绍信、感谢信等。公文更要严格按照规定的范文对照修改，做到格式规范。

（三）应用文语言的修改

修改应用文的语言要从语体、语法、句子、文字、修辞等方面着手。为了使应用文的语言准确、简洁、得体，写完初稿后要反复诵读，看看前后是否连贯，有无写错、写漏的句子，有无逻辑不清的地方。

写法指导

通知是在一定的范围内告知对方知晓或遵照执行的文书，适用于批转下级机关的公文，转发上级机关和不相隶属机关的公文，传达要求下级机关办理和需要有关单位周知或者执行的事项，任免人员。通知是下行文或平行文。通知分为指示性通知、发布性通知、批转、转发性通知、告知性通知、任免性通知等。例如下文，《国务院办公厅关于2019 年部分节假日安排的通知》属于告知性通知，要写明告知事项、背景或依据，写明事项的内容，提出要求。通知涉及的时间、地点、单位名称、人名和活动内容要清楚无误。

正例分析

国务院办公厅关于2019年部分节假日安排的通知

国办发明电〔2018〕15号

各省、自治区、直辖市人民政府，国务院各部委、各直属机构：

经国务院批准，现将2019年元旦、春节、清明节、劳动节、端午节、中秋节和国庆节放假调休日期的具体安排通知如下。

一、元旦：2018年12月30日至2019年1月1日放假调休，共3天。2018年12月29日（星期六）上班。

二、春节：2月4日至10日放假调休，共7天。2月2日（星期六）、2月3日（星期日）上班。

三、清明节：4月5日放假，与周末连休。

四、劳动节：5月1日放假。

五、端午节：6月7日放假，与周末连休。

六、中秋节：9月13日放假，与周末连休。

七、国庆节：10月1日至7日放假调休，共7天。9月29日（星期日）、10月12日（星期六）上班。

节假日期间，各地区、各部门要妥善安排好值班和安全、保卫等工作，遇有重大突发事件，要按规定及时报告并妥善处置，确保人民群众祥和平安度过节日假期。

国务院办公厅

2018年12月4日

（资料来源：国务院办公厅，2018. 国务院办公厅关于2019年部分节假日安排的通知[EB/OL]. http://www.gov.cn/zhengce/content/2018-12/06/content_5346276.htm.）

分析：此通知为告知性通知，告知事项为“2019年部分节假日安排”，告知事项明确、清楚，表达准确。

病例分析

大汶河渡口乘船通知

本渡口是大汶河上最大的渡口，过往车辆、行人很多，等候时间往往较长。为了减少等船时间，加强渡口管理，特做如下规定。

一、凡需乘渡船过河者必须购票，机动车每辆三元；非机动车每辆二元；乘客每位一元（一米以下儿童免票）。不买票者，不能乘船。

二、乘客必须听从工作人员指挥，按顺序上下船。各种车辆要按指定位置摆放，以保证渡船安全。

三、不准携带易燃、易爆、腐蚀性强的物品上船。违反规定，擅自携带上船，被查出者，没收所带物品，并酌情予以10～25元的罚款。

四、凡牵引牲畜过渡，应到指定舱位，并购票，每头（只、匹）二元。放在筐、篮等容器内携带的家禽、仔猪免票，但数量不能过多。

五、渡船开动后，乘船者不要来回走动；机动车必须熄火；牲畜必须有人看管。

六、乘船者必须爱护渡船及其设备，损坏要赔偿。

七、违反规定或者在船上无理取闹，不听指挥，妨碍渡船正常航行者重罚。情节严重的扭送公安机关，依法惩处。

大汶河渡口管理处

（印）

二〇〇×年××月××日

（资料来源：高岭，2015. 应用文写作[M]. 北京：化学工业出版社，略有改动.）

分析：这篇通告存在以下几个方面的问题。

1）文种选择不适当。针对乘客的要用“乘客须知”。“乘客须知”虽不是一种正规的公文体裁，但在车站、码头被广泛采用，而且实用效果很好。这篇文章中的内容，书写在告示板上，在售票处和候船大厅里长期悬挂，要比形成公文效果更好。

2）结构混乱。在这篇文章中，存在两种不同的秩序：一种是乘船过渡的时间秩序，分买票、候船、上船、过渡、下船等一些环节；另一种是乘船对象的主次秩序，主要有乘客、车辆、牲畜三种，应以人为尊，其他两种次之。

如果按时间排列内容，应先说购票问题，按人、车、畜的顺序，将购票须知一次说完。然后说乘船不得携带易燃、易爆等“三品”的问题。接下来依次说候船时应注意的问题，上船时的顺序和舱位问题、船在航行中应注意的问题，以及下船的问题。在每一个环节上，如果涉及人、车、畜三种过渡对象，均应按先人、再车、再牲畜的顺序排列。最后，再说违反规定将如何惩罚的问题。

按过渡对象的不同来排列也是可取的。那就应该先说对主要过渡对象——人的种种规定，将乘客应如何购票，不得携带“三品”，如何候船、上船等，集中说完。然后再说车如何购票、上船、摆放、熄火等事项。最后说牲畜如何购票、如何上船、必须有人看管等要求。关于人的内容多，可以列为若干条。车和牲畜，则可各用一条说完。这样的结构，也是秩序井然的。

而这篇文章的结构却比较混乱，第一条说了人和车的购票事项，牲畜的购票却到第四条才提及。第二条说的是上船的事项，第三条说的是不得携带“三品”的问题，显然时间秩序颠倒了。第五条说的是机动车熄火、牲畜有人看管的要求，这应在上船一条中说，或者以过渡对象不同分别在专门条款中说明，在开动之后的注意事项中混在一起提出，既不符合时间秩序，也不符合分类秩序。

3）语言含义不明、逻辑性差。例如，“过往车辆、行人很多”，应将“行人”改为“乘客”，并且要把“乘客”放在最前面；该条最后“不买票者，不能乘船”是对前文的简单重复，应删去；“放在筐、篮等容器内携带的家禽、仔猪免票，但数量不能过多”一句，其中的“过多”是模糊词语，无法确定界限，必须明确数量限制才不至于在工作中出现被动情况。

实训提升

一、填空题

1. 应用文作为一种文体，其写作特点主要有__________、__________、__________、__________、__________、__________。

2. 按照应用文的功能划分，可将其分为__________和__________。

3. 应用文主题的要求有__________、__________、__________。

4. 应用文语体的要求有__________、__________、__________、__________。

5. 应用文的表达特点有__________、__________、__________。

二、判断题

1. 应用文最大的特点在于“实用”，一般文学作品是为了表达自己的情绪和观点，而应用文是为了解决实际问题。（　　）

2. 应用文写作没有固定的格式，写作时要求语言生动、形象、朦胧，对要描述的事件要发挥想象力，进行艺术再加工。（　　）

3. 应用文的开头一般开门见山、直入主题。（　　）

4. 事务文书指的是党政机关在处理日常事务中所使用的文书，包括决议、决定、命令、公报、通告、意见、通知、通报、报告、请示、批复、议案、函、纪要等。（　　）

5. 写作一篇应用文，必须要有充分的材料，所以在写作时要将能收集到的材料全部罗列上去，增强说服力。（　　）

三、写作题

某公司为了使新入职员工更快、更清楚地了解公司概况、规章制度和企业文化，决定于 2018 年 3 月 6 日举办新入职员工培训，培训时间为 2018 年 3 月 6 日下午，培训地点在公司一号会议室。参加培训的员工需自备笔记本、笔和员工手册。请根据以上信息写一份培训通知。

本章要点

应用文基本知识
1. 特点
实用性
针对性
时效性
真实性
程式性
平实性
2. 种类
通用类
党政机关公文
事务文书
个人事务文书
专用类
包括科技、财经、司法、传播、外交、军事等类文书
3. 主题
概念：撰写者通过文章内容所表达的基本精神或基本观点
要求：正确、集中、鲜明
4. 材料
概念：确立和表现文章观点的事实情况、数据引语等
使用材料的注意事项：
1）材料与主题相统一
2）材料与文体相符合
3）材料详略得当
5. 结构
概念：又称谋篇布局，是指文章内部的组织和构造
逻辑结构
篇段合一式
总分式
分条列项式
事理层进式
图表式
篇章结构
开头
结尾
段落
层次
过渡
照应
6. 表达
表达方式
叙述
说明
议论
表达特点
直接性
概括性
综合性
7. 语体
种类
事务语体
科技语体
宣传鼓动语体
要求
准确
简练
平实
规范
8. 修改
内容的修改
格式的修改
语言的修改

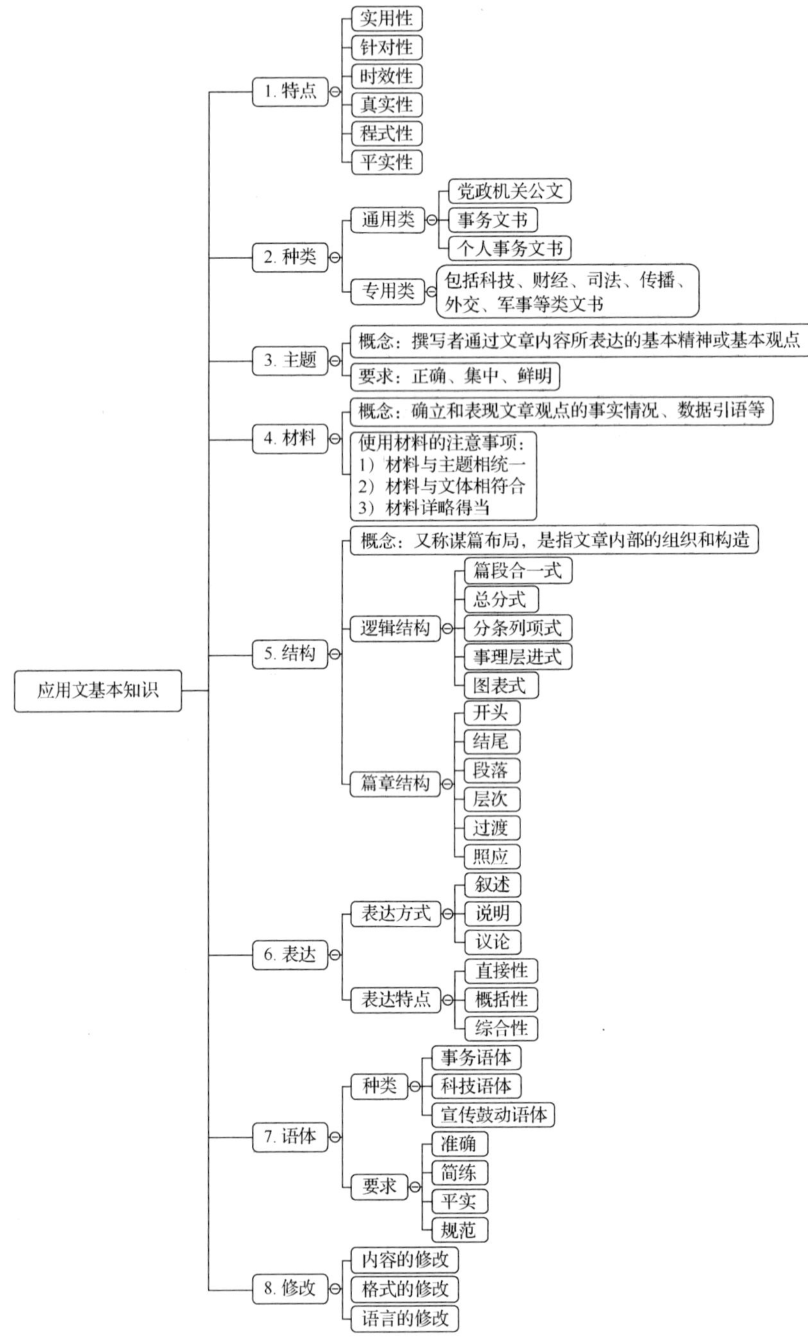

第二章　条　据

学习目标

1. 掌握请假条、便条的应用场景、结构及写作要求。
2. 了解欠条和借条之间的区别。
3. 掌握欠条、借条的应用场景、结构及写作要求。
4. 能够正确书写说明性条据和凭证性条据。

案例导入

吴先生与王先生系亲家关系。王先生因生活需要向吴先生借款 180 400 元。吴先生分几次向王先生打款，王先生承诺经济条件好转后归还。后经吴先生多次催要，王先生至今未归还借款。现吴先生诉至法院，请求判令王先生归还借款 180 400 元并承担本案诉讼费。王先生认可收到上述款项，但不认可双方存在借贷关系，主张上述款项是双方儿女用于结婚购买房屋的装修之用。庭审中，吴先生向法院提交银行转账明细，王先生则向法院提交向某房地产公司转账购房款的证明、购房合同、装修单据等材料。经审理，法院驳回原告吴先生的全部诉讼请求。

（资料来源：徐星星，2017.“借钱”的正确打开方式[EB/OL]. http://dz.jjckb.cn/www/webpage2009/html/2017-08/08/content_34718.htm.）

案例点评：

大家在生活中出借金钱时，即使面对的是朋友亲人，也一定要留存相应的借贷合意凭证，即通常所说的“借条”。出具借条时应当注意相关的细节，正是这些细节决定了自身权利是否得到保护。打借条时最好标注借款用途，防止借款人提出该笔借款系赌债等奇葩理由；出借人的全名一定要写，千万不要写绰号、简称、英文名等，并且要与身份证一致；借款金额一定要有大写，小心借条持有人修改金额；逾期利息和正常的借款利息不是一回事，所以要分开写；如果是银行转账交付借款的话，要保留转账凭证。现金交付的话，一定要让借款人打收条，建议都采用银行转账方式，不然是否实际交付会在诉讼中增加维权成本。

条据是人们在日常生活、学习、工作中，为办理某些事情或发生财务往来时常用的一种简便文体。条据分为两大类：一类是说明性条据，如请假条、便条、留言条等；另一类是凭证性条据，如领条、收条、借条、欠条等。

一、说明性条据

说明性条据是一方向另一方有所说明时所写的简明条据，实际上是一封简单书信。说明性条据有以下几种形式。

（一）请假条

1. 请假条的概念

当因有事、生病等原因不能按时上班、上学或参加某项活动时，为向有关人员请假而写的字条就是请假条。请假条一般由本人书写，必要时也可由他人代写。请假条可分为事假条、病假条、丧假条等。

2. 请假条模板

一般来说，用人单位会有现成的请假条模板（如下所示），请假时只需按规定填写即可。

请假条

No.　　　　　　　　填写时间：　年　月　日

姓名		部门		职务	
请假时间：　　年　月　日至　　年　月　日					
□事假　□病假　□年假　□婚假　□产假　□丧假　□其他					
请假原因： 请假人：					
部门经理	意见：　　签字：　　年　月　日				
总经理	意见：　　签字：　　年　月　日				

注：请假内容由本人填写，经领导批准后生效；超假按旷工处理。

这是一份用人单位比较常用的请假条模板，“填写时间”是请假人填写请假条的时间。要请假，提前写请假条几乎是所有企业对员工请假的明文（或默认）规定；当然，如有特殊情况、临时请假等，在事后补写请假条也是允许的，但大多数企业会对这个“事后”有一个时间限制，多为员工恢复上班的当天，或者1～2个工作日内。

“姓名”“部门”“职务”后面应填写请假人自己的姓名、所在部门及担任的职务。“请假时间”按照实际请假时间如实填写。请假事由按照实际情况在“事假”“病假”“婚假”等前面的方框中打钩。

3. 请假条的结构

如果需要请假人手写请假条的，请假条通常由标题、称呼、正文、结语、落款五部分组成。

标题：在首行居中写上“请假条”字样。

称呼：要求在标题下一行顶格写上收假条人的尊称，并加冒号，如张老师、王经理、刘主管等。

正文：另起一行空两格写正文，把请假的理由和起止时间说清楚即可。正文结束时，常常写上“望准假”“请领导批准”等字样收尾。

结语：在正文后另起一行空两格写“此致”，再另起一行顶格写“敬礼”，不加标点符号。

落款：包括署名和日期，写在正文下一行的右边，署名要写请假人的姓名，姓名之下的年月日不可简写，必要时可写上地点。

请假条的格式举例如下。

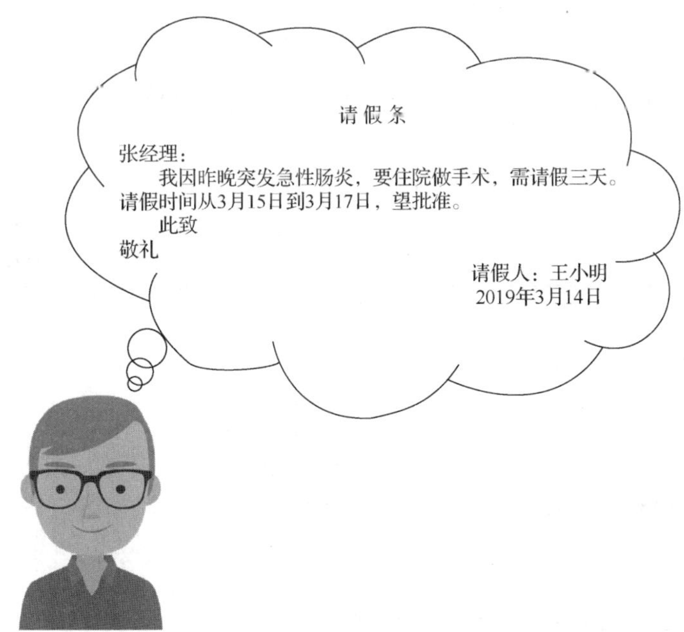

请假条

张经理：

　　我因昨晚突发急性肠炎，要住院做手术，需请假三天。请假时间从3月15日到3月17日，望批准。

　　此致

敬礼

请假人：王小明

2019年3月14日

4. 请假条的写作要求

1）称呼明确，语言简洁明了。
2）请假理由实事求是，不夸大。
3）最好在请假条后附证明。

5. 例文

1）病假条。

请 假 条

张经理：
　　我因昨晚突发急性肠炎，要住院做手术，需请假三天。请假时间从 3 月 15 日到 3 月 17 日，望批准。
　　此致
敬礼

请假人：王小明
2019 年 3 月 14 日

2）事假条。

请 假 条

张经理：
　　我因家中有事，需请假两天。请假时间从 3 月 15 日到 3 月 16 日，望批准。
　　此致
敬礼

请假人：王小明
2019 年 3 月 14 日

（二）便条

1. 便条的概念

便条，就是简便的字条。当人们有事要告诉对方，而对方不在，或者不便当面说时，往往会留下字条给对方，或托人代交，这样的字条就是便条，如留言条、托事条等。

2. 便条的结构

便条的结构也分为五部分：标题、称呼、正文、结语、落款。

标题：标题位于正文上方的中间，如“留言条”“托事条”等。

称呼：在标题下第一行顶格写上对方的称呼，后加冒号，称呼可以根据双方的熟悉程度来写，如小王、李主任、张哥、王师傅等。

正文：另起一行空两格写需要告知对方的具体内容。这部分内容既要语言简洁，又要把事情交代清楚。

结语：便条在于简便，所以“此致”“敬礼”等祝颂语常常省略不写。但可视具体情况写礼貌性的话语，如“谢谢”“拜托了”等。

落款：在正文的右下方，写上署名和日期。

3. 便条的写作要求

便条要求文字简短，写清楚事情即可。

4. 例文

托事条例文如下。

托 事 条

小王：

我的同事×××有事请你帮忙，我因家中有事不能前往，故请他带此条到你处面谈，请尽力帮忙。

×××

2019 年 5 月 14 日

二、凭证性条据

（一）凭证性条据的概念

凭证性条据是单位之间、个人之间或单位与个人之间发生财务往来时，一方写给另一方的字据凭证，又称凭证或单据。

（二）凭证性条据的分类

凭证性条据分为借条、欠条、收条、领条、契约等。

1. 借条与欠条

（1）借条与欠条的定义

借条，又称借据，它是人们在日常生活中借钱、物时写给对方的字据，以此作为日后偿还的凭证。待钱、物归还时，方可收回或销毁借条。

欠条，是指一方未付清或未全部付清另一方钱、物时写给对方的字据，以此作为日后偿还的凭证。

（2）借条与欠条的区别

借条和欠条是不同的。通俗地说，欠条是自己欠别人财物时写给别人的凭证性应用文，即自己为了证明欠别人财物而立下的字据；而借条是借别人的财物时，写给对方的凭证性应用文。看似用法一样，但两者之间是有区别的。具体区别如下。

1）适用的范围不同。欠条适用的领域有很多，范围比较广，包括因借款关系形成的欠款，还有因买卖产生的欠款、因劳务产生的欠款、因企业承包产生的欠款、因损害赔偿产生的欠款等；而借条的适用范围比较窄，只适用特定的借款事实。

2）适用的诉讼时效不同。欠条与借条最大的区别是诉讼时效的区别。两者还款期限明确有约定的，按照约定起算诉讼时效，一般是 3 年。但是对于还款期限没有明确约定的，欠条与借条的诉讼时效明显有区别：①对于没有履行期限的欠条，在债务人出具欠条时，债权人就应当知道自己的权利已经受到了侵害，因此，权利人应当在欠条出具之日起 3 年内向人民法院主张权利；②对于没有还款期限的借条，债权人可以随时要求债务人履行义务。但值得注意的是，如果出借人在借款人出具借条的 20 年内一直不主张权利，则超过了诉讼时效。

2. 收条

收条，又称收据，是指一方收到另一方的钱、物时，交给对方的字据，以此作为凭证。

3. 领条

领条，是指一方到另一方领取所需钱、物时，交给对方的字据，以此作为凭证。

4. 契约

契约，是指以文字的形式把双方或多方商定并达成共同意见的有关事项记录下来，作为发生纠纷时解决的凭证。

（三）凭证性条据的结构

一个完整的凭证性条据包括标题、正文、结语、落款四部分。

标题：首行居中写明凭证的名称，如“领条”“借条”“收条”“欠条”或“今收到”“今领到”等标题字样。

正文：在标题下第一行，空两格写明字据的事由和具体钱物的数量。如果是欠条或借条还应写上还款日期、还款方式、利息支付等事项。

结语：正文后另起一行空两格写“此据”字样，不加标点符号。

落款：在姓名前写上“借款人”“领款人”“经手人”等名称，并在下面注明年、月、日，重要字据应加盖印章。如果是代别人收的，则应在姓名前加上“代收人”字样。

（四）凭证性条据的写作要求

凭证性条据的写作要求如下。

1）钱物数额要清点，具体数额要大写，前不留空格，后加“整”字，若出现转行加“计”字，以防被人添加数据。

2）单据不宜涂改，若有涂改需在涂改处加盖印章。

3）书写要端正清楚，要用蓝色钢笔或碳素笔书写，不能用铅笔或圆珠笔书写。

1. 借条

借条是在借用他人或单位少量钱、物时，经借人拟写并出具的具有凭据作用的简便文书。借条当事人双方的行为既可以是公务行为，也可以是私人行为。

借方在归还钱、物时，要收回借条，及时予以销毁，以防被他人利用。

向个人借钱、借物写的借条，一般只写一张，交给被借人保存即可。借条应写“借条”名称，正文开头要写“借到”或“今借到”等字样。如果在第一行中间写“今借到”字样，则正文中就不必再写“借到”或“今借到”字样，可直接交代借到了什么，借到了多少即可。若是预借单位的钱、物时，则一般还要写明用途。

以下为几种借条的例子。

借　条

今借到王大伟同志人民币壹仟元整。两个月还清。

此据

借款人：刘三强
2017 年 1 月 3 日

借 条

今借到刘东同学的苹果 iPad 壹台，壹周后送还。
此据

借者：周华
2017 年 2 月 5 日

借 条

今借到××厂财务处人民币伍仟元整，做装修房屋用。借期三个月，到时一次还清。
此据

借款人：李刚
2017 年 6 月 3 日

如果为大额度钱、物的借用，应以合同的形式双方签约。

借条
借款人姓名：王××，性别：男，出生年月日：1982年8月3日
家庭住址：河北省保定市青年路**号 电话号码：123456789
身份证号：123456789123456789（附身份证复印件）
今向胡××借人民币壹万元整，还款期限为12个月。
于2018年8月1日一次性还清。
特立此据
借款人：王××（手写）
借款日期：2017年7月26日

借条具有如下特点。

1）谁借款谁写借条。这样可以防止借款人以他人擅自书写内容为由，拒绝承认借条的有效性。

2）借条要尽量简洁明了，不要用模棱两可的语言，如“张三借李四一万元”，这样的语言无法明确是张三向李四借钱，还是李四向张三借钱。应当用“借给”而不是“借”，如“张三借给李四一万元整”。

3）尽量写上借款人和贷款人的身份证号码，这样可以避免不必要的确认借条当事人的过程。因为，某些人的日常用名与其身份证上的名字是不同的，如果借款人是用化名或小名书写借条，那么该借条的签名就存在重大问题。

4）借款人的签名一定要亲眼所见。如果借款人利用他人之手来签署名字，就会导致借条失去证明力。因此，不要接受已经书写好的借条或事后书写的借条，必须要求借款人当面书写借条。

5）借条应在一张完整的纸上书写，不能在撕过或裁剪过的纸上书写。曾有一个真实的案例：一个借款人分几次偿还借款，每次偿还就书写在借条的下部，最后，贷款人把下部撕去，否认借款人前面几笔还款的事实，将借款人告上法庭，要求其全额偿还。借款人以借条有撕去部分作为抗辩，最后判决贷款人败诉。因此，借条的完整性也非常重要。

6）诉讼时效的问题。3 年的诉讼时效从还款日开始起算，如果从还款日起 3 年内，未向借款人主张债权，就丧失了胜诉权。虽然从法理上，只要向借款人要求还款就中断诉讼时效，但是要证明自己某日确实向借款人主张过债权是非常困难的（这种情况下由贷款人证明），在实践中基本没有可操作性。

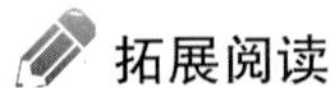

防范打借条的 8 个陷阱

生活中，有时会遇到打借条的事情。打借条可不是简单写几行字就行了。借条是具有法律效力的文件，且能够作为证据保护当事人的利益。因此，在打借条时应特别注意以下陷阱。

1. 打借条时故意写错名字

案例：王某父子二人向朋友张宗祥借款 20 万元，并打下借条，约定一年后归还欠款及利息。想不到王某父子二人在借条署名时玩了个花招，故意将“张宗祥”写成“张宗样”。张宗祥当时也没有注意。

到还款期后，张宗祥找到父子二人催要借款，谁知父子二人却以借条名字不是张宗祥为由不愿归还。无奈之下，张宗祥将王某父子二人告到法院。尽管法院支持了张的主张，但张也因在接借条时的不注意付出了很大代价。

律师提醒：打借条时不妨请借款人把身份证号码写上去，这样即使名字书写潦草，也可以凭身份证号码确定其人。

2. 是己借款，非己写条

案例：王某向张某借款 10 000 元。在张某要求王某书写借条时，王某称到外面找纸和笔，离开现场，不久返回，将借条交给张某，张某看借条数额无误，便将 10 000 元交给王某。

之后张某向王某索款时，王某不认账。张某无奈起诉到法院，经法院委托有关部门鉴定笔迹，确认借条不是王某所写。后经法院查证，王某承认借款属实，借条是其找别人仿照自己笔迹所写。

律师提醒：借条书写要在现场完成，不得离开视线。

3. 利用歧义

案例：李某借周某 100 000 元，向周某出具借条一份。一年后，李某归还 5 000 元，遂要求周某把原借条撕毁，其重新为周某出具借条一份："李某借周某现金 100 000 元，现还欠款 5 000 元。"

这里的"还"字既可以理解为"归还"，又可以理解为"尚欠"。根据民事诉讼法相关规定，"谁主张，谁举证"，周某不能举出其他证据证实李某仍欠其 95 000 元，因而其权利不会得到保护。

律师提醒：借条内容应反复研读，不留歧义。

4. 以"收"代"借"

案例：李某向孙某借款 7 000 元，为孙某出具条据一张："收条，今收到孙某 7 000 元"。之后孙某向李某索款，未果，孙某在向法院起诉后，李某在答辩时称，为孙某所打收条是孙某欠其 7 000 元，由于孙某给其写的借据丢失，为孙某写了收条。

律师提醒：写清借款原因，"收"与"借"应分明。

5. 财物不分

案例：郑某给钱某代销芝麻油，在出具借据时，郑某写道："今欠钱某芝麻油毛重 800 元。"这种偷"斤"换"元"的做法，使价值相差 10 倍有余。

律师提醒：写明借款用途，事由要列清。

6. 自书借条

案例：丁某向周某借款 20 000 元，周某自己将借条写好，丁某看借款金额无误，遂在借条上签了名字。后周某持丁某所签名借条起诉丁某归还借款 120 000 元。丁某欲辩无言。后查明，周某在 20 000 前面留了适当空隙，在丁某签名后便在前面加了“1”。

律师提醒：金额的阿拉伯数字后面应追加汉字大写，谨防篡改。

7. 两用借条

案例：刘某向陈某借款 18 000 元。出具借据一张：“借到现金 18 000 元，刘某”。后刘某归还该款，陈某以借据丢失为由，为刘某出具收条一份。后第三人许某持刘某借条起诉要求偿还 18 000 元。

律师提醒：应将借据遗失一事明确载明。

8. 借条不写利息

案例：李某与孙某商量借款 10 000 元，约定利息为年息 2%。在出具借据时李某写道：今借到孙某现金 10 000 元。孙某考虑双方都是熟人，也没有坚持要求把利息写到借据上。

之后，孙某以李某出具的借条起诉要求还本付息，人民法院审理后以合同法中“自然人之间的借款合同对支付利息没有约定或约定不明确的，视为不支付利息”的规定，驳回了孙某关于利息的诉讼请求。

律师提醒：事先明确约定，并记载于借条之上。

综上所述，在写借条时，要注意以下几点。

① 应写清楚借款人和放款人的法定全名；

② 应写清楚借款金额，包括大写和小写的金额；

③ 应写清楚借款时间期限，包括借款的起止年月日和明确的借款期限；

④ 应写清楚借款用途；

⑤ 应写清楚还款的具体年月日；

⑥ 应写清楚借款的利息，应有明确的年利率或月利率，最终应支付的借款利息总额（包括大写和小写金额）等约定；

⑦ 应写清楚借款本息偿还的年月日及还款方式；

⑧ 应有借款本人亲自签章、手印或亲笔书写的签名。

借条不规范的几种常见情况如下。

① 借款文书不规范或干脆没有，导致文义含糊、不确切，利息约定不明确；

② 借贷双方名字书写不规范；

③ 借条不是借款人本人亲自书写；

④ 碍于双方友好关系，干脆没有任何文书，借款事实存在与否都很难证明。

（资料来源：佚名，2016. 借条范本，怎样打借条才具有法律效力[EB/OL]. https://www.sohu.com/a/71626521_394384，有改动.）

2. 欠条

欠条是个人或单位在付钱、物时，不能全部或部分付清，写给对方的作为约期付清的具有凭据作用的简便文书。当所欠钱、物全部归还后，应收回欠条，并及时处理。

欠条通常适用于以下几种情况。

1）在购买物品或收购产品时，因不能支付或不能全部支付他人款项时需要写欠条。

2）借了他人或单位的钱、物，到时不能归还或不能全部归还，有部分拖欠时，需要写欠条。

3）借了个人或单位的钱、物，事后补写的凭证，也可称作欠条。

欠条一般由标题、正文、落款三部分组成。

> **欠　条**
>
> 截至 2018 年 6 月 3 日，本人尚欠刘林人民币柒佰元整，经协商约定于 2018 年 12 月 31 日前还清。
>
> 此据
>
> 欠款人：王宏光
>
> 2018 年 6 月 3 日

3. 收条

收条是在收到个人或单位所给付的钱、物时，经收人拟写并出具的具有凭据作用的简便文书。

> **收　条**
>
> 今收到孙才 3 月份房租壹仟捌佰元整。
>
> 此据
>
> 收款人：李玲
>
> 2017 年 4 月 1 日

一般来说，若是出借人收到对方归还的现金或物品时，不用再写收条，只要把上次对方所写的借条还给借款人即可，或当着对方的面把借条撕掉，以示还清。

在归还钱、物时，如当事人不在场，由其他人代为收下转交时，则要写一张代收条。

代 收 条

代收到袁强同志还给陈业同志的人民币叁仟肆佰元整。

此据

收款人：陈楚

2018 年 6 月 9 日

4. 领条

领条是某机关、团体向另一机关、团体，或个人向机关、团体领取钱、物时，写给负责发放人留存的具有凭据作用的简便文书。

领 条

今领到教务处发给数学教研组的玖拾本日记本。

此据

经手人：李柱

2018 年 9 月 12 日

写法指导

正例分析

请 假 条

王主任：

本人因弟弟结婚，需要请假，请假时间自 2017 年 6 月 3 日至 2017 年 6 月 5 日，共 3 天，恳请领导批准。

此致

敬礼

请假人：沙金

2017 年 6 月 2 日

分析：这是一张事假条，格式规范，标题、称呼、正文、结语、落款五部分均有，请假的理由和日期也说得很清楚。

病例分析

<table><tr><td>

欠 条

今借到周前进人民币 50 000 元整，日后归还。

借款人：张斌

</td></tr></table>

分析：1）这应该是一张借条而不是欠条，欠条和借条的性质是不一样的，它们形成的原因不同，借款主要是因借贷而产生，欠款则可能是因为买卖、租赁、利息等原因产生，所以标题应将“欠条”改为“借条”。

2）借款数额是阿拉伯数字，容易被改写，不符合借条的写作规范，应将“50 000 元”改为大写“伍万元”。

3）没有写清楚具体还款日期，应将“日后归还”改为具体的还款日期。因为借款时间是认定借款期限和诉讼时效的重要依据，也是认定借条事实的重要因素，应该写明年月日。年份不能省略，如果没写年份，一旦发生纠纷，难以确定具体时间。

4）由于借款数额较大，应写清楚借款人个人信息，如电话号码、家庭住址、身份证号码等信息。

注意：借款人书写借条时，应注意字里行间不宜有空格和空行，否则容易被持条人（出借人或其他人）增写其他内容。借条上不要有涂改，如果有涂改，应该在涂改处按手印，最好是重新写一份。

实训提升

一、填空题

1. 当因有事、生病等原因不能按时上班、上学或参加某项活动时，为向有关人员请假而写的字条就是________。

2. 请假条通常由________、________、________、________、________组成。

3. 人们在日常生活中借钱、物时写给对方的字据是________。

4. 一方未付清或未全部付清另一方的钱、物时，写给对方的字据是________。

5. 一个完整的凭证性条据由________、________、________、________四部分组成。

二、判断题

1. 为了延长请假时间，在写请假条时最好不要写清楚请假起止时间。 （ ）

2. 欠条和借条没有性质上的区别，不用区分。 （ ）

3. 沙军向曹阳借款一万元，标题应写借条。 （ ）

4. 借条应尽量附带借款人和贷款人的身份证号码。（　　）

5. 借了他人或单位的钱、物，到时不能归还或不能全部归还，有部分的拖欠，需要写欠条。（　　）

三、写作题

1. 张某感到不舒服，经医生检查确认患上了流感，建议住院6天，需向单位王经理请假，请你以张某的名义代张某写一张请假条。

2. 小红于2017年8月1日向小明借款60 000元，商定半年内归还，请写一张借条。

本章要点

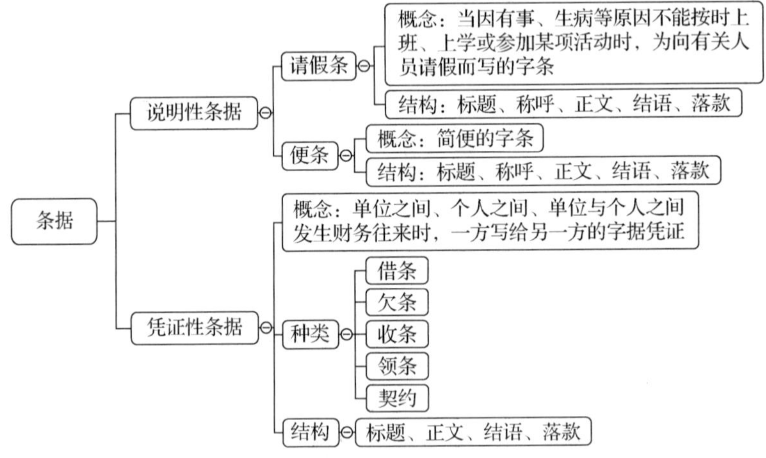

第三章　总　结

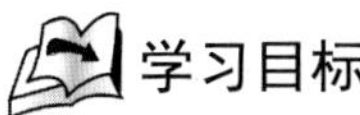

学习目标

1. 了解总结的概念和种类。
2. 了解总结的特点和作用。
3. 了解总结的格式、写作要求和技巧。
4. 能够写简单、常用的总结。

案例导入

学习应用文写作的体会

我读了文秘专业，才知道成为一名文秘人员需要有过硬的笔下功夫。而文秘人员接触最多的是各种应用文，所以学好应用文写作就显得特别重要。两年来，在教师的指导下，我基本上掌握了应用文写作的规律和方法。以下是我对学习应用文写作的几点体会。

1）拟。“拟”就是借鉴别人的成功作品，以其为“蓝本”进行仿写。应用文都采用事务语体。事务语体在语言材料的选择和组织上与其他语体有明显区别，它以务实应用为准则，语言风格平易、朴实、庄重，不追求语言的艺术化，表达方式以说明为主。中学所学的文章大部分属于文学语体或议论语体，而对事务语体接触较少。要学好应用文写作，就需要学习从文学语体或议论语体过渡到事务语体。我认为，“拟”是过渡的好方法。那么，要怎样去“拟”呢？首先，要根据需要找准“蓝本”，在文种上要与所写文本一致。其次，要“拟”重点。“拟”不是抄袭，而是此一事、彼一事地仿造，重点放在框架层次和拟写语言风格上。通过对不同文种、不同文件、不同语言主体的反复模拟，使其格式和语言风格在头脑中固定下来。最后就会形成“条件反射”取代“拟”，达到“形似其物”（写什么像什么）、“声似其人”（语言风格转成事务语体）的程度。

2）积。“积”就是收集积累对应用文写作有用的事务语体的词汇、句式及各类文种的格式。应用文都有一定的表达程序，有一套固定的专门用语，有相对稳定的句式，有比较固定的结构式样。所以，积累这方面的材料对学习应用文写作，特别是对学习公文写作有很大的帮助。我在中学就有积累好文章、好词句的习惯。在学习应用文写作时，我还是保持该习惯，将一些事务语体和惯用词汇、句式及一般应用文格式摘录在本子上，有空就翻看。此外，我平时还会找一些有关应用文写作的书籍来参考，有意识地把这些文种，以及内容相似的文件、文章进行比较性鉴赏，从中挑出一件“精品”，并对“精品”进行解剖，将其优点摘录下来，以便日后用到自己的文章中。手头上有了丰富的事务语体词汇和各种文种的格式后，写起应用文来就会感到得心应手。

3）改。“改”就是对文稿进行修改。应用文旨在应用，不为欣赏，其文“以辨诘为能”，其事“以明核为美”，故应用文写作要求准确、简练。要想一落笔就写出一份简练而又能准确表达意思的应用文确非易事，唯有经过反复修改，文章才能达到准确、简练的要求。学习应用文写作，我体会最深的一点就是：文章是改出来的。第一学期时，我的一篇文章被教师进行了一次“大手术”，评语是“文章贵精简，可有可无的字、词、句、段要毫不留情地删去”。自此，我十分注重完稿后的修改工作。改的准则是：首先，要求准确，事实要准，说理要确，字、词、句要准；其次，要求简约，要把可有可无的字、词、句删去，力求简洁。

总的来说，“拟”是入门，“积”是基础，“改”是提高，最终都要落实到练。只要平时多写、多练、多修改、多总结经验教训，并持之以恒，就不难掌握应用文写作的规律和方法。

×××
××××年××月××日

（资料来源：孔祥戥，2010. 应用文写作[M]. 北京：北京师范大学出版社，略有改动.）

案例点评：

这是一份比较完整的学习总结，从格式上讲，由标题、正文、落款三部分组成。其中，标题“学习应用文写作的体会”为文章式标题，正文部分也很完整，包括前言、主体和结尾。前言用寥寥数语，概括总结了写作的背景和中心内容；主体部分由三段组成，介绍了自己写作应用文的经验、成绩、教训；结尾简洁自然，篇幅适中。

一、总结的概念

总结是单位或个人对过去一段时期内的实践活动做出系统的回顾归纳、分析评价，从中归纳出某些规律性认识，用以指导今后实践的一种事务性文书。

总结是人们对自身实践活动的本质概括，是根据党的方针、政策，对前一段时期工作的认真回顾和理性认识。它要求从全局出发，围绕本单位或个人自身的实践活动进行总结。

二、总结的种类

总结的种类很多，按照不同的分类标准，可以分为不同的类型。

1）按性质划分，有综合性总结和专题性总结两类。

2）按内容划分，有工作总结、学习总结、思想总结、生产总结、教学总结、科研总结等。

3）按范围划分，有部门总结、单位总结、班组总结、地区总结、个人总结等。

4）按时间划分，有年度总结、季度总结、月度总结、阶段总结等。

以上划分，只是相对而言，对于一份“总结”来说，可以在不同类别之间相互交叉和重复，如一份“个人总结”，可以是学习总结，也可以是年度总结或综合性总结。

三、总结的特点及作用

（一）总结的特点

总结具有以下特点。

1）自我性。总结是对自身社会实践进行回顾的产物。它以自身工作实践为材料，采用第一人称的写法，其中的成绩、做法、经验、教训等，都有自我性的特点。

2）客观性。总结是对前段时期社会实践活动进行全面回顾、检查的文种，这就决定了总结有很强的客观性特征。它必须以客观事实为依据，所列举的事例和数据必须完全可靠、准确无误，任何夸大、杜撰、歪曲事实的做法都会使总结失去应有的价值。

3）指导性。回顾过去、总结经验、面对现在、展望未来、推进工作，是总结的出发点和最终目的。

（二）总结的作用

（1）总结是推动工作前进的重要环节

任何一项工作，不管是个人或群体去进行都需要多次反复操作、辛勤劳动才能完成。每一次具体实践，都有成绩与失误、经验与教训。只有及时进行总结，才能及时取得经验教训，提高认识和工作技能。通过不断总结，人们对客观事物的认识会越来越深刻，知识越来越广，智慧越来越高，所进行的事业才会不断发展、前进。

（2）总结是寻找工作规律的重要手段

任何一种事物，都存在着内在联系、外部制约，都有它自身的发展和运动规律。遵循这些规律办事就能顺利达到预期的目的；否则，就会受到违背规律的惩罚而招致失败。而找寻、发现客观规律的途径就是总结。

（3）总结是培养、提高工作能力的重要途径

一个人的工作能力是指他能否承担某项工作、执行某项任务的能力。具体表现在两

个方面：一是他的专业知识水平，二是他解决、处理实际工作问题的能力。在实践中二者常常是糅合在一起的，相得益彰。运用所学的知识，处理实际工作问题，并不断总结经验的过程，就是工作能力不断提高的过程。因此，总结是提高工作能力的重要手段。

（4）总结是团结群众、争取领导支持的好渠道

一项工作任务完成之后，必须进行总结，总结时要全面、深入地回顾、检查，对成绩与不足、成功与失败、经验与教训，实事求是地做出正确的评价，使大家认识统一。这样的总结群众心服口服，能最大限度地把群众团结起来。同时，通过总结把成绩、经验、问题和今后的努力方向等向领导汇报，能引起领导的重视，争取领导的支持和指导。

拓展阅读

总结与计划的区别

总结与计划的区别主要有以下几点。

1）目的性不同。计划是预想未来，是在工作之前制订的，是总结的前提和基础；总结是回顾过去，是工作到一定阶段而撰写的，是对计划落实后的认识和评价。

2）内容不同。计划的内容是为完成一定任务所设想的具体步骤、方法和措施，重在叙述说明；总结是对一定阶段的工作或计划执行情况做出的分析、评价，重在找出有规律性的认识。

3）回答的问题不同。计划所要回答的问题是做什么，怎么做，做到什么程度；总结所要回答的问题是做了什么，做得怎么样，有何工作规律。

（资料来源：孔祥戬，2010. 应用文写作[M]. 北京：北京师范大学出版社.）

四、总结的格式与内容要素

总结一般由标题、正文和落款三部分组成。

1. 标题

总结的标题比较灵活，大致有以下几种表现形式。

（1）公文式标题

① 由“单位名称+时间+事由+文种”组成，如“××学校 2019 年教研活动总结”。

② 由“单位名称+事由+文种”组成，如“××学校教学工作总结”。

③ 由“单位名称+文种”组成，如“××学校总结”。

④ 由“时间+文种”组成，如“三季度工作总结”。

（2）文章式标题

文章式标题多用于经验总结。标题的拟制比较灵活，大都无“总结”二字，而用“怎样”“体会”“回顾”“做法”等字眼提示总结的文体，如“我们小组是怎样安排四季度工作的”“2018 年上半年快递工作回顾”“工作中的体会”。

（3）新闻式标题

新闻式标题分为正标题和副标题。正标题是概括总结的主要内容，副标题则显示文体特点，如“辛勤耕耘结硕果——××快递站 2018 年工作总结”。

2. 正文

总结的正文包括前言、主体、结尾三部分。

（1）前言

前言简单地概括所要总结的时间、地点、背景、事情的大致经过；或者将总结的中心内容、主要经验、成绩作简明扼要的提示；或者将工作的过程、基本情况、突出的成绩作简洁的介绍。其目的在于使读者对总结的全貌有一个概括的了解，为阅读、理解全文打下基础。

（2）主体

主体是总结的核心部分，介绍具体情况和做法、成绩与经验、存在的问题与教训等内容。

1）具体情况和做法。该部分主要是写清做了哪些工作，分别是怎么做的，即采取了什么措施、方法和步骤，有何效果等。

2）成绩与经验。该部分是总结的关键部分。成绩是指在工作实践中所取得的物质成果和精神成果，要写得具体、实在，体现出感染力和说服力。经验是指在工作中取得的成绩和成功的原因，从中找出规律性的认识。

3）存在的问题与教训。问题是指在实践活动中应该做到而未做好、未做完的工作，或者是尚未解决的问题。教训是指从产生的过失、错误中得出的反面经验。这部分内容虽然不是总结的重点，不一定在每篇总结中都写，但不应忽视，对工作或学习中存在的问题，必须实事求是地加以分析，找出原因，以达到吸取教训、改进工作的目的。写存在的问题和教训时要中肯恰当、实事求是、条理分明，这部分一般略写。

（3）结尾

结尾一般写今后的努力方向或今后的打算，提出新的奋斗目标。结尾部分应写得简明、自然。

3. 落款

落款在正文的右下方，要写上单位名称或个人姓名，在名称下面写上成文日期。如果在标题中已列出单位名称或姓名，则在落款处可以省略。发表在报刊上的总结，一般将署名写在标题下。

五、总结的写作要求及技巧

（一）详尽占有材料，深入分析材料

详尽占有材料，是总结写作的特点。所谓“详尽占有”，一是要了解实践活动的全过程；二是要掌握典型例子；三是要掌握必要的数据；四是要掌握背景材料。有了材料，还要进一步分析，分清成绩和缺点、主流和支流、经验和教训，提炼出一些规律，以明确总结的中心，确定总结的重点。

（二）要实事求是

总结必须从本单位、本部门的实际情况出发，反映真实情况，如实总结工作中的成绩、缺点和不足。不能肯定一切或否定一切，只报喜或只报忧。但在总结写作实践中，违反这一原则的情况却屡见不鲜。有人认为“三分工作七分吹”，在总结中夸大成绩，隐瞒缺点，报喜不报忧。这种弄虚作假、浮夸邀功的不良作风，对单位、对国家、对事业、对个人都没有任何益处，必须坚决制止。

（三）要重点突出

写总结的时候，一定要分清主次、突出重点，不能不分详略地平均用笔，像记流水账一样，这样的话，就不能给人以鲜明、深刻的印象，更不能从中得到有益的启示。总结的主要内容大致分配比例如下：基本情况概述 10%，成绩和经验 60%，问题和教训 20%，今后努力方向 10%。有人写总结总想把一切成绩都写进去，不肯舍弃所有的正面材料，结果文章写得臃肿拖沓，没有重点，不能给人留下深刻印象。总结的选材不能求全贪多、主次不分，要根据实际情况和总结的目的，把那些既能显示本单位、本地区特点，又有一定普遍性的材料作为重点选用，写得详细、具体，而一般性的材料则要略写或舍弃。

（四）语言要准确、朴实、简洁、生动

为把内容准确无误、简要明白地表达出来，总结的语言要求准确、简洁、朴实、生动，即文如其事、恰如其分、有分寸感，不允许模棱两可、含糊其词。简洁，就是要求简明扼要，不能拖泥带水，重复啰唆。朴实，就是要求朴素平实，不追求华丽，不过分修饰。必要时，也可适当运用生动活泼的群众语言及形象化的口语。

（五）叙议结合，语言得体

叙议结合是总结写作的主要方法。叙，就是摆情况，谈成绩，讲做法。议，就是分析原因，谈经验，记体会。不论怎样叙、议，都必须做到用观点统率材料，用材料说明观点，使观点与材料相统一。

写法指导

正例分析

××学生个人总结

宝贵的四年大学生活已经接近尾声，我感觉非常有必要在此总结一下自己四年来的得失，以便于发扬优点，弥补不足。同时，回顾自己走过的路，也是为了更好地看清自己将来要走的路。

虽然我的学习成绩不是非常好，但我在学习的过程中收获了很多。

（1）端正了学习态度。刚进入大学时，我满脑子想的就是好好放松自己，然而看到身边的同学都在拼命地学习，我也打消了偷懒的念头，我明白了在大学里仍然需要认真努力地学习，从此开始了我的大学学习生涯。

（2）提高了自学能力。由于大学的授课已经不再是高中的填鸭式，并且老师在一节课中要教授很多知识，学生只靠在课堂上听讲是完全不够的。因此，我在课后除了练习巩固课堂上所学的知识之外，还经常去图书馆查阅相关资料，自己努力钻研。随着日积月累，我的自学能力得到了提高。

（3）懂得运用学习方法，同时注重独立思考。学好功课，只靠埋头苦学是不够的，还要掌握正确的学习方法。“授人以鱼，不如授人以渔”，我学习的目的就是要学会“渔”，但是说起来容易做起来难，因此我换了很多种学习方法，做什么事情都勤于思考，每次遇到不懂的地方都积极向老师请教。我将“独立思考”作为自己学习的座右铭，时刻警诫自己。随着学习的进步，我不仅学到了知识，在心智成熟方面也有了质的飞跃，能够在较短的时间内快速地掌握一种新的技术知识，我认为这对于个人将来的发展很重要。

（4）在学习知识的过程中，我与老师建立了深厚的师生情谊。老师的谆谆教导，使我体会到了学习的乐趣。

（5）我与身边的许多同学也建立了良好的学习关系，互帮互助，攻克难关。

（6）现在我已经大四，正在做毕业设计，这一阶段更培养和锻炼了我分析问题、解决问题的能力及动手实践的能力，受益匪浅。

我一直注重自己的品行，追求人格的升华。我崇拜有巨大人格魅力的人，并且一直希望自己也能成为这样的人。在大学生活中，我始终坚持自我反省，并且努力完善自己的人格。四年来，我通过阅读相关书籍，越来越清楚地认识到，只有拥有良好的品行，才能树立正确的世界观、价值观和人生观。因此，无论在何种情况下，我都以“品德至上”要求自己。无论何时何地我都奉行严于律己的信条。在日常的学习生活中，我尊师重道，友爱同学，乐于助人。以前我觉得乐于助人是一种传统美德。现在我知道，乐于助人不但能够塑造助人者高尚的品德，而且其自身在帮助别人的同时也会得到很多益处，帮助别人其实也是在帮助自己。我很高兴自己能够在同学有困难的时候帮助他们，同时，在我有困难的时候我的同学也向我伸出援助之手。而对于老师，我一向是十分敬重的，因为他们曾经在我彷徨的时候指导我、帮助我。如果没有老师的帮助，我在人生道路上很可能不知道何去何从。我现在领悟到，与其说品德是个人的人品操行，不如说是个人对整个社会的责任。一个人活在这个世界上，就得对社会承担起一定的责任和义务。一个人只要拥有了高尚的品德，就能正确地认清自己承担的责任和义务，在对国家、对社会的贡献中实现自身的价值。

我的人际交往能力和社会实践能力都有了很大提高。大学期间，我参加了很多校内活动和一些社会实践活动。在参加校内活动中，我不仅认识了更多的同学，也增加了与其他同学相互交流、相互学习的机会，既锻炼了自己的人际交往能力，又能够取长补短。此外，我还一直是班委成员和寝室长，这对自己既是压力也是动力。我还参加过一些社会活动，如做过家教、志愿者、推销员、设计员等，虽然有时我会感到很累，但所有这些让我的大学生活更加丰富多彩，因而我乐此不疲。

我的体育成绩一向很好。虽然我的体质并不出色，但是通过刻苦锻炼和对体育项目的准确理解，我能够很好地完成体育课教授的项目。我喜欢运动，几乎对所有的运动项目都感兴趣，尤其是足球。经过四年的磨炼，我的球技已经有了质的提高。踢足球不仅让我锻炼了身体，还增强了我的团队精神和集体荣誉感。

上述是我对自己四年大学学习生活的总结。我认为这个世界上并不存在完美的人，每个人都有自己的优点和缺点，关键是自己能否正视并对其善加利用。

（资料来源：佚名，2018. 大学毕业总结：大学四年后的总结[EB/OL]. https://ishare.iask.sina.com.cn/f/iGzG6LFnnE.html，有改动.）

分析：这份总结，比较全面地总结了四年大学生活的得失，详略安排得当，语言朴实无华，反思深刻，不论得失，都让人感觉到这位学生在不断地进取、不断地成长，这位学生的四年大学生活是充实的、丰富的。

病例分析

宏远公司上半年工作总结

半年来本公司在精神文明和物质文明方面做了许多工作，取得了很大成绩。半年来，主要做了以下工作：动员组织公司干部和广大群众学习中央文件；安排、落实全年生产计划；推行、落实工作责任制；修建子弟小学校舍；建方便面生产车间厂房；推销果脯、其他食品、编织产品；解决原材料不足问题；美化环境，栽花种草；办了一期计算机技术培训班；调整了工作人员，开始试行干部招聘制。

半年来，在工作繁杂、头绪多而干部少的情况下，能做这么多工作，主要原因如下。

一、上下团结

公司领导和一般干部都能同甘共苦，劲儿往一处使。工作中有不同看法时，当面讲，共同协商。互相间有意见时，能进行批评与自我批评，不犯自由主义。例如，有干部就经理未经商议，擅自更改果脯销售奖励办法影响产量一事有意见，经当面提出，经理做了自我批评，并共同研究了新的奖励办法，又出现了增产势头。

二、不怕困难

本企业刚刚起步，困难很多，如技术力量薄弱、原材料不足、产品销路没有打开等。为此，领导干部共同想办法，他们不怕跑路，放弃自己的休息时间，忍饥挨饿受冻，四处联系，终于解决了今年所需要的原材料，推销了一些产品。

三、领导带头

公司的几位主要领导带头苦干、实干。他们白天到下边去调查了解情况、解决问题，晚上开会研究问题，寻找解决的办法。领导干部夜以继日地工作，使公司工作上了一个新台阶。

宏远公司

2018年7月2日

（资料来源：宋久生，耿长彦，2013. 应用文教程[M]. 北京：科学出版社，有改动.）

分析：该总结内容分配不合理，重点介绍了领导干部的成绩，忽视了公司存在的问题和工作中的教训，在总结中夸大成绩、隐瞒缺点，使该总结看起来更像邀功汇报。

该总结没有结尾，结尾一般写今后努力的方向或今后的打算，并提出新的奋斗目标。

实训提升

一、填空题

1. 按时间划分，总结可分为_______、_______、_______、_______。
2. 总结的特点有_______、_______、_______。

3. 总结一般由________、________、________三部分组成。

4. 总结正文包括________、________、________三部分。

5. 总结的主体是全文的核心部分，主要介绍________、________、________、________。

二、判断题

1. 小王在写部门月度总结时，为了讨好领导，总结的主要内容写的是领导的成绩。（　）

2. 总结是对之前工作的概括，只写工作成绩和经验即可。（　）

3. 总结是写给领导看的，所以在写总结时要夸大成绩。（　）

4. 总结要以自身的实践活动为依据，所列举的事例和数据都必须完全可靠、准确无误，任何夸大、杜撰、歪曲事实的做法都会使总结失去应有的价值。（　）

5. 写总结的时候，要分清主次、突出重点，没必要把一切成绩都写上去。（　）

三、写作题

1. 写一份学习应用文写作以来的学习总结。

2. 写一份自己上一季度的工作总结。

本章要点

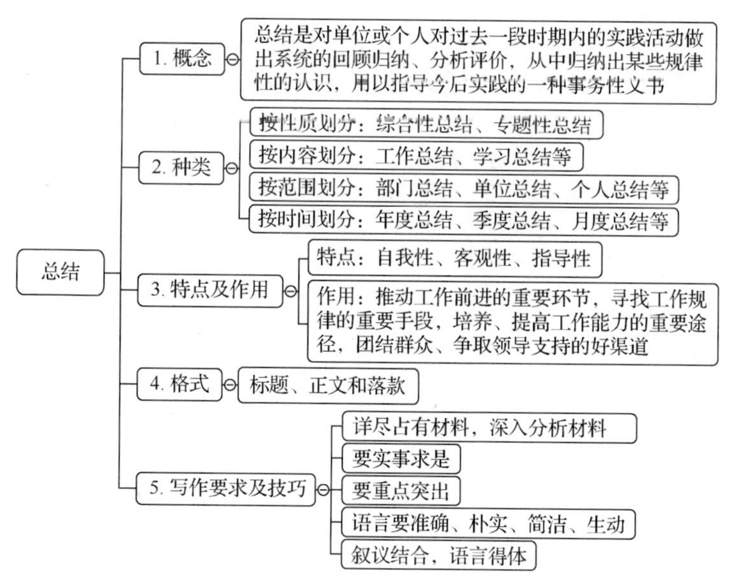

第四章　计　划

学习目标

1. 初步了解计划。
2. 了解计划类文书的名称、种类及格式。
3. 掌握计划写作的技巧和注意事项。
4. 能够写简单的计划。

案例导入

2011年××镇爱国卫生月活动实施计划

各村、社区、驻镇各单位、镇属各部门:

为进一步巩固和提高我镇城乡环境卫生水平，切实提高市民的健康意识，决定于今年4月在全镇范围内开展第23个爱国卫生月活动。现将有关情况通知如下。

一、活动主题

“清洁城市、健康人生”。

二、活动目的

以爱国卫生月活动为抓手，结合城乡环境卫生整洁行动，广泛动员全镇居民群众和各村、社区和企事业单位，大力开展群众爱国卫生运动及城乡环境卫生整洁行动，开展健康宣教和卫生巡访活动，有效控制病媒生物密度等，促进全镇市容环境卫生面貌的进一步改善，倡导市民自觉维护市容环境，以清洁、有序、优美的市容环境面貌迎接国家卫生镇的复审。

三、主要任务

1. 全面开展城乡环境整洁行动

以营造健康优美和谐的环境为目标，按照“拾遗补阙、突出重点”的要求，以城乡环境整洁行动为核心，积极动员全社会力量共同参与，认真查找影响群众生活的脏、乱、差问题，以专业队伍为主体，以清洁、整齐、有序为目标，以城中村、城乡接合部、农贸市场、老式小区等区域为重点，集中开展大规模城乡环境卫生综合整治活动，全面清理城乡暴露垃圾杂物，清除卫生死角，促进社会卫生面貌的有效改善。

2. 切实加强各单位内部卫生及“门责”管理

以开展“星期四爱国卫生义务劳动”为抓手，各村、社区和各单位要积极组织开展辖区内外环境整治活动，坚持每周四提前半小时上班，参与内外环境清扫，重点是单位食堂、职工休息室、宿舍、厕所、垃圾箱（房）等。要认真履行单位门前环境卫生责任制，做到内外环境整洁有序。

3. 积极开展“城乡环境清洁日”集中行动

4 月 15 日（环境清洁日）为全镇集中整治日。要以开展此项活动为载体，全面启动全镇范围内中小道路、“三小”行业密集路段两侧单位，以及旧式居住区卫生整治行动。同时，要发动机关、企事业单位职工及社区居民参与包干路段环境卫生义务劳动，掀起在卫生月期间社会大行动、大整治的高潮，为全镇加强爱国卫生工作开好局、起好步。

4. 开展春季病媒生物防制工作

在全面开展城乡环境卫生整治、清除滋生环境的基础上，镇除害站专业队伍要开展一次以车库等地下空间、楼道为重点的早春蚊蝇消杀活动，抓紧早春病媒生物繁殖高峰期到来之前的时机，进一步完善、落实小区、单位的病媒生物防治设施，有效降低和控制早春病媒生物密度，并结合春季突击灭鼠效果自查，做好药物补投工作。

5. 开展全民健康促进活动

各村、社区、单位要以提高市民、职工健康水平为目标，认真开展健康教育、普及健康知识活动，提高公共卫生道德水平。同时，要认真贯彻《××市公共场所控制吸烟条例》，重点推进机关控烟工作，巩固医院、学校控烟成果，并积极开展对相关场所的督促检查和监督执法。

四、活动安排

1. 组织动员阶段（3 月 31 日～4 月 10 日）

各单位要对照爱国卫生月活动内容，结合各自实际，制订具体实施方案，明确目标、任务和要求，落实责任。开展设摊咨询、版面宣传、健康讲座、发放倡议书等宣教活动，大力宣传和普及健康知识，传播健康理念，逐步改善规范市民的健康行为。其中 3 月 31

日（星期四），组织机关干部周四义务劳动。他们在火车站出入口、汽车客运站周围绿地、道路等处开展卫生大扫除，清理暴露垃圾，捡拾烟蒂、纸屑等，起到带头示范作用，并落实长效管理措施。4 月 7 日（星期四），组织爱国卫生志愿者开展卫生宣传活动。一方面，在××集贸市场、××路、××广场、火车站、汽车站等人流量较大区域，针对行人、乘车人乱扔垃圾行为开展宣传、劝阻活动；另一方面，开展“进社区、进机关、进企业、进学校、进工地”五进宣传教育活动。

2. 具体实施阶段（4 月 11 日～4 月 18 日）

各单位要按照本通知精神，组织、动员辖区内社区居民、志愿者、单位职工积极参与，营造浓厚的社会氛围，深入扎实地开展环境整治。其中 4 月 14 日（星期四）、15 日（城乡环境清洁日），开展城中村、城乡接合部集中整治。各村要以巩固市级卫生村、市容整洁村为工作目标，对村委会、城中村、农村集市、公路沿线的公厕及“三清一白”（清垃圾、清堆物、清乱涂写、白化墙面）进行重点整治，促进全镇城乡接合部卫生面貌的有效改善。各村自行选择城中村、城乡接合部问题突出区域的一处作为整治重点，并将整治地点、整治情况及时上报镇爱卫办。

3. 督查整改阶段（4 月 19 日～4 月 30 日）

各村、社区、各单位要继续发挥爱国卫生志愿者、控烟志愿者及社区健康自我管理小组的作用，对小区、绿地、中小道路垃圾清扫不及时，建筑垃圾堆放无人管，楼道内乱堆放等现象进行巡查反馈，督促相关单位进行整改。对问题严重或整改不及时的单位要及时上报镇爱卫办。

五、工作措施

1. 精心策划，认真落实

今年是全国第 23 个爱国卫生月活动，是深入开展城乡环境卫生整洁行动和巩固世博城市管理水平的关键之年。开展爱国卫生月活动是改善民生、促进城市健康发展的有效方式。各单位要根据全镇统一部署和要求，将此项工作列入重要议事日程，加强领导、精心组织、有效落实，真正做到以月促年，为全年爱国卫生工作打好基础。

2. 突出重点，创先争优

重点组织好 3 月 31 日，4 月 7 日、14 日、15 日活动，以点带面，全面推进爱国卫生月各项工作。机关、学校、文明单位、卫生先进单位等要发挥模范先进作用，积极参与卫生整治活动。新闻媒体要充分发挥舆论引导和监督作用，及时宣传和推广各单位取得的好经验、好做法，并对“脏、乱、差”现象和工作不力的单位进行曝光，营造全社会共同参与的良好氛围，并确保活动取得实效。

3. 总结经验，加强交流

在爱国卫生月活动中，各村、社区、各单位要加强宣传，积极撰写爱国卫生月活动相关信息，及时上报典型事例。

各村、社区、各单位要于 4 月 16 日上午将“爱国卫生月 14 日、15 日”活动简讯（电子档）上报镇爱卫办。5 月 5 日前将爱国卫生月总结（电子档）上报镇爱卫办。

××镇爱国卫生运动委员会

二○一五年三月二十六日

（资料来源：高玲，2015. 应用文写作[M]. 北京：化学工业出版社，略有改动.）

案例点评：

制订计划是为了克服工作中的盲目性。此计划切实可行，便于执行和检查。这篇计划的标题、正文和落款三部分完整，言简意赅。标题采用“时限+内容+文种”的形式。正文部分：前言扼要说明制订该计划的缘由；正文主体部分分成五项，对活动主题、活动目的、主要任务、活动安排、工作措施都做了细致的交代，每一项都交代得具体、明确；活动安排和工作措施，主要从分工和组织保证的角度来写，每一项任务责任人分工明确，时限交代清晰，如果能分条列项交代，条理性会更清晰一些。结语语言准确、简明、朴实，符合计划的语言特点。

一、计划的概念

计划是为了实现某一管理目标，完成某个任务，开展某项工作而预先做的安排和设计，并用书面形式表达的事务性文书。

二、计划类文书的名称

计划是计划类文书的统称。由于计划涉及内容和期限的不同，计划类文书有不同的名称，如规划、纲要、设想、要点、方案、安排等。

（一）规划

规划是涉及远景目标和大阶段的全局性战略部署。从时间角度来说侧重于长远（一般在三五年以上），从内容角度来说侧重于战略层面，重指导性或原则性。例如，《唐山市城市规划》《职业生涯规划》《上海市 2010—2020 年经济发展十年规划》等。

规划的格式由“标题”和“正文”两部分组成，一般不必写落款和成文时间。规划的标题是“四要素”写法：“单位名称+时间期限+内容范围+规划”，如《××省国有企业改革十年规划》。规划的正文一般都比较长，大致有以下几方面内容。

1）前言。前言介绍制订规划的起因、背景和缘由。这是制订规划的依据，不能简单地罗列事实，而应把诸多有关情况进行认真的综合、分析，使规划目标言之有据，有可靠性。

2）指导方针和目标要求。这是规划的纲领和原则，根据指导方针确定目标内容，要用精练的语言，概要地阐述出来。

3）主要任务、政策和措施。这是规划的主体和核心，是解决“做什么”和“怎样做”的问题。因此，任务要提得明确，措施要提得概括有力。

4）结尾。结尾也就是远景展望和号召。这部分要写得简洁有力。

（二）纲要

纲要意为提纲挈领的要点，也是对某个地区或某一事项做出的长远部署。与规划不同的是，纲要更加注重原则和概括，一般只对工作方向、目标提出纲领性要求和指导措施，如《全国农业发展纲要》《幼儿园教育指导纲要（试行）》等。

（三）设想

设想是计划中比较概括性的一种：在内容上是初步的构想；在写法上是粗线条地勾勒，是对未来一段时间的工作或某个专项工作的思路和打算。设想是指为制订某些规划、计划做出准备的一些初步想法，有待进一步细化，一般制订之后提交有关人员或部门进行讨论，征集反馈意见之后再制订形式的计划。设想与规划一样，在内容上都比较概括，不可能也没有必要写得太细、太具体。

由于设想具有超前性，其写作要求并不十分严格，标题可以省略单位名称和时间期限，如《关于机构改革的初步设想》；正文的写法可以相对概括一些，在介绍制订设想的背景和原则之后，分条目表述初步的构思和打算。

（四）要点

要点是列出工作主要目标的计划。它是针对未来一个时期工作的简明扼要安排，多用于领导机关对下属单位布置工作和交代任务。“规划”的层次最高，涉及的多是战略方针、战略任务、战略布局、战略措施和重大政策等宏观问题。“要点”的层次次之，涉及的多是工作的总体思路与各项主要工作、重要活动的大致安排等中观问题。“计划”的层次最低，涉及的多是具体工作的内容、步骤、程序、要求等微观问题。“规划”依赖“要点”去部署，“要点”依赖“计划”去细化并落实。例如，一个单位的五年规划，就是该单位制订五年内各个年度工作部署与安排，即工作要点的指南，工作要点制订之后还要制订许多具体工作计划，如《2010 年城乡低保及医疗救助工作要点》《路北区人民政府 2009 年精神文明建设工作要点》等。

（五）方案

方案是可操作性很强的计划，是计划中内容最为复杂的一种。由于一些具有某种职能的具体工作比较复杂，不做全面部署不足以说明问题，因而公文内容构成势必要烦琐一些，一般有指导思想、主要目标、工作重点、实施步骤、政策措施、具体要求等项目。方案的内容多是上级对下级或涉及面比较广的工作方案，也可以是下级或具体责任人为落实和实施某项具体工作而形成的文件，然后报上级或主管领导批准实施，如《××大学五年发展规划总体方案》《唐山市城镇住房制度改革实施方案》等。

方案的标题构成最主要的因素是它所针对的内容，如是某会务接待方案还是某营销策划方案等。方案的成文时间一般注在标题下。方案的正文一般有两种写法：一是常规写法，即按“指导方针”“目的任务（重点）”“实施步骤”“具体措施”“要求”几个部分来写，这个较固定的程序适合于一般常规性单项工作；二是变项写法，即根据实际需要来写，或者按照日程安排分时段来写，或者按照人员安排分团队来写等。但不管哪种写法，“目的任务”“实施步骤”“具体措施”这三项必不可少，尤其是实施步骤和具体措施要细致，注意前后的逻辑和连贯，考虑到实际运作过程中可能出现的情况，要注意可操作性。

（六）安排

安排是对短期内工作进行具体布置的计划。安排是就某一内容单一的活动（工作）所制订的临时性的、时间较短的且又比较具体、切实的计划。安排有学习安排、生产活动安排、会议日程安排等，如《国庆期间值班安排》《2011—2012 学年第一学期第二周工作安排》等。安排的内容比较单一，安排中的事项比较单一，往往仅局限于某一项活动或工作内容，安排的时限往往适用于近期工作，但是长期的计划也用“安排”行文。安排的正文一般由开头、主体和结尾三部分组成，主要内容放在“主体”部分，一般包括任务、要求、步骤、措施四个方面。其任务要具体，要求要明确，措施要得当。

三、计划的种类

由于计划是总称，并且种类不一，因此划分的角度和标准也各不相同。

1）按性质划分，可以分为综合计划和专项计划两类。综合计划带有全局性，涉及范围广，多规定计划期的总目标和指标。专项计划带有局部性，涉及范围较窄，目标指标较为单一。

2）按内容划分，可以分为工作计划、生产计划、学习计划、活动计划、会议计划等。

3）按时限划分，可以分为长期计划、中期计划和短期计划三类。长期计划，又称为规划，属于对发展进行战略部署的纲领性文件，时限一般在五年以上；中期计划负有将长期计划所规定的战略任务具体化并指导近期发展的使命，一般以二至五年为限；短期计划一般比较具体细致，操作性较强，包括年度计划、季度计划、月计划、旬计划、周计划等。

4）按范围划分，可以分为国家计划、地区计划、单位计划、部门计划、班组计划、个人计划等。

四、计划的格式

计划一般由标题、正文和落款三部分组成。

（一）标题

完整的计划标题有四个构成要素：单位名称、适用时间、主要内容和文种，如“××公司 2019 年招聘工作计划”，“××公司”是单位名称，“2019”是适用时间，“招聘”是主要内容，“计划”是文种。有些计划标题省略了某些要素，例如，省略单位名称，由适用时间、主要内容和文种构成，如“2019 年三季度工作计划”；或者省略单位名称和适用时间，只由主要内容和文种构成，如“关于党政干部基础课自学考试计划”。如果计划尚不成熟，或未经上级批准，或没有正式讨论通过，那么就应该在计划标题的后面用括号注明“初稿”“供讨论用”“草稿”等说明性文字。

（二）正文

正文是计划的核心部分，一般由前言、主体和结尾三部分构成。

前言部分是计划的开头。这一部分主要说明制订计划的背景、依据、目的、意义、指导思想等，要写得简洁明了，具有概括性。

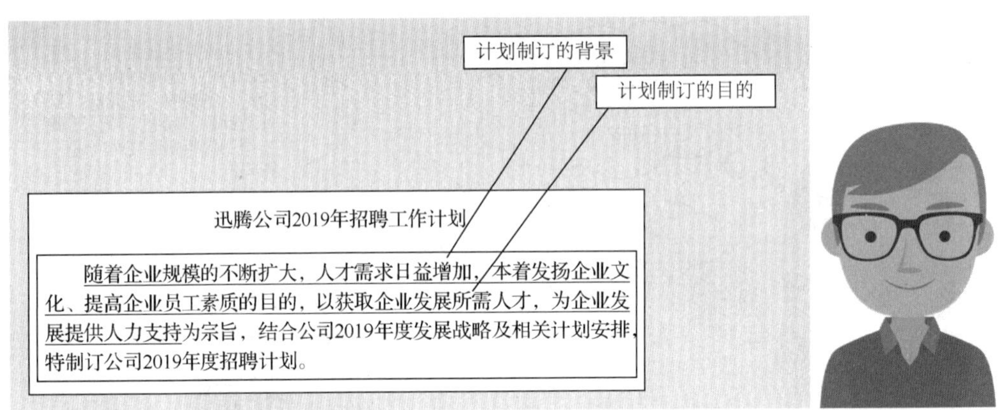

迅腾公司2019年招聘工作计划

随着企业规模的不断扩大，人才需求日益增加，本着发扬企业文化、提高企业员工素质的目的，以获取企业发展所需人才，为企业发展提供人力支持为宗旨，结合公司2019年度发展战略及相关计划安排，特制订公司2019年度招聘计划。

主体部分是计划的核心。这一部分要写清楚计划的目标与任务，并且提出相应的措施、步骤及其他事项。由于这部分的篇幅较长，内容也较多，所以组织内容时通常采用条文式、表格式或者条文表格相结合的方式。

1. 目标

目标是产生计划的导因和制订计划的出发点，是计划的灵魂和核心内容。目标必须是先进的，又是切实可行的。要写明总的目标是什么，达到什么要求；有几项分任务，分别达到什么指标。提出的任务，要突出重点，主次分明；提出的要求，要写明数量界限、质量标准、时间进程等方面的要求。总而言之，要写得简明具体，便于贯彻实施。

招聘目标

经公司对组织架构的调整，对各职能部门岗位的反复统计与核算，2019 年岗位需求涵盖各部门现有人员空缺、人才储备、新部门人员配备等方面，今年招聘要达成的目标如下：

一、做好长期人才储备

1. 普工类：制造中心各车间、仓库人员等。
2. 技术岗位：冲床、焊工、重点工序领班人员、安装及售后维修人员等。
3. 职能岗位：业务经理、客服专员等。

二、填补现有人员空缺

1. 管理岗位：技术研发中心主任 1 名。
2. 技术岗位：品质管理人员 7 名、重点工序领班人员 5 名、安装及售后维修人员若干名、焊工若干名。
3. 职能部门：业务员、企划部门各岗位人员、客服部专员、各类文员若干名。
4. 由于人员流动造成的空缺岗位若干名。
5. 公司体制改革过程中需要的新设岗位若干名。

2. 措施

措施就是实施的办法，是实现计划的切实保证，是解决“怎样做”的关键。要写明怎样利用优势，依靠什么力量，采用哪些方法，创造何种条件，克服哪些困难。对下属部门、人员提出什么要求，提供什么工作方法；各下属部门如何分工合作，做到各方职责分明；采取哪些奖惩办法等。

招聘方式

一、外部招聘

网络招聘：通过前程无忧、智联招聘等招聘网站招聘。
校园招聘：在当地及周边市区的职业技术学校招聘应届毕业生。
户外招聘：在公司周边镇区、工业区设点做定期招聘，主要定向普工招聘。

二、内部招聘

人员空缺、人才储备可优先从公司内部进行招聘，主要形式有部门负责人推荐、用人部门考核等。

3. 步骤

步骤是指完成目标分几步走，也就是工作的进程和时序，即：先做什么，后做什么；主抓什么；次抓什么；每步什么时候完成，达到什么程度。一般是把计划的整个过程分几个阶段，确定每个阶段的时间和指标要求，安排好人力、财力等。步骤的安排必须切实合理，步步落实，确保计划的完成。

第一阶段

2 月中旬至 4 月底，以校园招聘会、现场招聘、户外招聘为主，同时高度重视网络招聘，具体方案如下。

1）参加相关院校的校园招聘会，为技术部门储备人才（目前已申请参加的院校有××学院、××经济学院、××技师学院、××商贸旅游学校、××技工学校、××理工学校、××外贸学校等）。

2）积极参加人才市场的专场免费招聘会，补齐业务部门人员空缺。

3）每周安排 2～3 天在公司周边镇区、工业区设点进行户外招聘。

4）坚持每天刷新网络招聘信息并进行简历筛选及与候选人联系，每周集中候选人进行集体面试。

第二阶段

5 月初至 7 月，此阶段现场招聘会逐渐冷淡，新增应聘人员较少，同时各院校论文答辩等事宜陆续结束。这段时间以网络招聘和校园招聘为主，具体方案如下。

1）坚持每天刷新网络招聘信息并进行简历筛选及与候选人联系，确保人员面试质量。

2）将招聘信息发至全国与公司需求相关的各大高校，必要时参加校园招聘会或者举办专场宣讲会。

3）请面试人员进行招聘信息的转告及代介绍。

4）每周安排 2～3 天在公司周边镇区、工业区设点进行户外招聘。

第三阶段

7 月底至 10 月底，此阶段整体求职人员数量较少且分散，故以网络招聘为主，必要时参加现场招聘会，具体方案如下。

1）坚持每天刷新网络招聘信息并进行简历筛选及与候选人联系。

2）每周安排 2～3 天在公司周边镇区、工业区设点进行户外招聘。

3）每周坚持 2 次以上，在网上主动搜寻联系合适的求职者，以补充少数岗位的空缺及离职补缺。

4）了解分析组织部门的架构、在岗人员。

5）对当年新入职人员的关注、沟通、培训、统计分析。

第四阶段

11 月初至 12 月底，此阶段各大高校将陆续举办校园招聘会，此阶段主要以校园招聘会为主，主要招聘各部门的储备性人才，具体方案如下。

1）积极参加各校园综合招聘会，对重点院校可单独举办专场招聘会。

2）网络招聘平台及论坛等信息正常刷新关注。

第五阶段

12 月底至 2020 年 1 月，此阶段整体招聘环境不理想，非紧急空缺或新增岗位，不重点做招聘工作，把工作重心转移到进行招聘效果分析、解决招聘过程中遇到的问题、制订下一年度招聘计划上。

4. 其他事项

其他事项即附注事项。有些与计划有关的材料，在正文里不便逐一表述，可以附表、附图的形式呈现；一些生产计划、财务计划的指标和数字，科研计划的项目、成果类别、期限和完成者等，常在正文中列表说明，遇有需要解释或说明的情况，则作为附件列于文末。这些附表、附图和解释说明，也是计划的重要组成部分。

（三）落款

在正文的右下方应写明制订计划的日期。如果计划的标题中没有写明制订计划的单位名称，还要在正文的右下方写明制订计划的单位名称，再写明制订计划的日期。如果是需要上报或下发的文件计划，最后还要写明主送、抄送单位的名称。

五、计划的写作技巧及注意事项

1. 实事求是，调查研究

计划的制订只有通过实事求是的调查研究，走群众路线，集思广益，群策群力，才能使计划有根有据，经得起实践的检验，才不至于半途而废。切忌闭门造车、随意炮制、纸上谈兵；也切忌“倒口袋”的方法，照抄上级主管部门的计划，致使计划的目标、内容、措施、步骤严重偏离实际。

2. 内容明确，计划具体

制订计划是为了更好地完成任务。因此，在计划中，目标、任务、措施、办法、步骤等都要写得明确具体、切实可行，不可含糊不清、模棱两可。

3. 语言准确，表达恰当

拟订计划时一般不需要议论，也不需要叙述过程，只要把目标、任务、措施、方法等交代清楚即可。因此，用词造句不需要追求华丽的语言，只要准确、恰当、清楚明白即可。

4. 全面兼顾，突出中心

计划的制订，既要统筹兼顾，又要突出中心。因而，制订计划必须做到中心工作与一般工作相结合，当前与长远相结合，局部与整体相结合，对各方面工作既要有适当安排，又能使“优势兵力”用在刀刃上。这样才能全面兼顾、突出中心、相辅相成、相得益彰。

5. 积极稳妥，切实可行

计划的制订，必须要有科学的态度，既要考虑客观条件，又要充分发挥人的主观能动性，要本着积极稳妥的指导思想确定所要达到的目标，以保证计划的付诸实施。因此，在制订计划时，必须从实际出发，不能过高或过低，应切实可行。如果目标定得过高，经过努力也难以达到，就会挫伤工作人员的积极性，从而失去信心；如果目标定得过低，轻易就可以达到，也难以激发工作人员的积极性、创造性，反而会使工作人员松松散散，停止前进的步伐。

6. 分工落实，留有余地

计划是行动的指南，计划中的各项任务都要落实到人，使所有人员都各在其位、各司其职、各尽其责、尽心尽力。计划虽然在制订前经过周密地调查研究，但在执行中仍然会遇到意想不到的不利因素。因此，必要时可以随时根据实际情况对计划加以修改、补充和完善。可见，计划的制订必须分工落实，留有余地，不能过于死板和机械。

7. 明确要求，便于检查

计划中提出的任务、指标、措施、责任、时限等内容必须具体明确，以便于执行和检查。

写法指导

正例分析

××集团物业公司安保部2019年度计划

（一）工作目标

1）认真学习领会和全面贯彻落实公司经营工作的一系列指示精神和决策部署，完成各项工作任务，完成公司确定的指标。

2）完善部门工作，培养一支纪律严明、训练有素、热情服务、文明执勤、作风顽强、保障有力的保安队伍。

3）做好与公司其他部门在各项工作中的沟通、协调和协助工作。

4）抓好公司保安队伍建设，做好招聘、培训、训练工作。形成良好的“招聘、吸收人才→培训人才→培养人才→留住人才”的良性循环机制。

（二）主要工作计划措施

1. 安保部结合公司实际情况做好2019年安全保卫工作。

1）各服务处正确处理好与小区业主、租户之间的关系。

2）严格控制出入各小区的人员与车辆，杜绝无关人员、车辆进入小区，维护小区的安全，创造舒适、放心的居住环境。

3）做好各片区的巡查工作，特别是对重点区域的检查，夜间、节假日期间应加强巡查力度，确保安全。

4）与公司全体员工、合作单位、租户形成群防群治、联防保卫巡查制度。

5）做好治安管理工作、消防工作及监控系统管理和保密工作。

2. 配合人力资源部门把好本部门的用人关，做好队伍建设，打造一支稳定、团结、素质高、岗位技能突出、责任心强的安保队伍，确保公司业务经营正常运作。全面总结2019年安保工作中存在的薄弱环节和不足之处，加强部门工作、工作纪律、岗位责任、岗位技能的管理、教育、培训，充分调动全体保安人员工作的积极性和主动性，增强服从意识、服务意识，提高责任感，使全体人员用饱满的工作热情全身心地投入日常工作。

3. 公司安保部参照行业规范组织在职保安人员进行一系列的学习与培训。培训工作的总体目标是培养高质量的、合格的保安人才，岗前培训和在岗轮训是提高物业保安队伍建设的重要途径。

1）每周进行一次车辆指挥、队列训练、消防知识等培训，通过讲解、学习和培训，使全体保安人员在思想认识和日常工作中有不同程度的提升，从而提升保安队伍的工作能力。

2）定期对全体保安人员进行公司简介、发展方向、公司动态、公司精神的宣传教育，提高员工的荣誉感、上进心与责任感。

3）在日常工作中引导保安人员提高服从意识、服务意识，做到文明执勤、礼貌待客，从而提高服务能力。

4）结合部门的实际情况对保安人员的仪容仪表、礼节礼貌、行为规范等问题进行不定期检查，提高全员落实制度的自觉性。

5）每季度公司举行有针对性的军事队列、消防等相关比赛活动，从而激发公司保安队伍的团队意识和集体荣誉感，激发保安人员积极向上的工作热情。

4. 认真做好安保部全年的安全生产全方面工作。

1）严格按照安保部内控目标，建立目标管理责任制，分解落实工作任务，责任到人，有效解决员工干与不干、干好干坏都一样的被动局面。制定全年工作任务，将各项工作分解落实到各队、各班、各组、各员工，使全员思想意识全面提升，做到人人有任务，个个有压力、有动力。

2）每月进行一次安全检查，对存在的问题认真做好记录，并按公司要求发出整改通知和整改要求，及时进行整改，真正做到以检查促隐患整改，以整改保小区安全。

5. 加强各种设施设备的维护保养，提高工作效率。

1）完善维保制度，明确责任。根据不同设备、不同区域，明确维保责任和工作流

程，确保设备处处有人管、件件有人护。制订具体的维护保养计划，确保设备在规定的时间内得到科学的维护保养。

2）执行正确的维护保养技术标准，整体提高维护保养水平，提升消防人员的业务素质和水平，凭借过硬的业务技能，保证设施设备维护工作的有序进行。通过行之有效、不断深化的管理，培育一种良好的职业精神，使全体保安人员自觉养成高标准、严要求、求真务实的工作作风，树立文明、严谨、务实、高效的保安队伍新形象。

××集团物业公司安保部

××××年××月××日

（资料来源：佚名，2019. 物业保安部工作计划3篇[EB/OL]. https://wenku.baidu.com/view/f854586a05a1b0717fd5360cba1aa81145318f1d.html，节选，有改动.）

分析：虽然计划种类较多，但不论是哪一种，其目标、实施方法和步骤都是计划所必须具备的基本要素。上述案例中分4条写明了该计划所要达成的目标，方法和步骤也非常明晰。

病例分析

学生会文娱部 2015—2016 学年第一学期工作计划

为使我校学生文娱活动开展得更加丰富多彩，我部将进一步组织好各项文娱活动，并协助学生会各部搞好有关工作，特制订本部工作计划如下。

（一）时间安排

1）9 月初（第一、二周）筹备“国庆、校庆、迎新晚会”，向各班发通知组织节目，并确定彩排日期。

2）9 月中旬（第二周），发出招聘干事的启事，通过笔试、面试发掘新生中的人才，增强本部力量。

3）9 月下旬（第四周），组织节目彩排，并通过彩排选出晚会节目，组织晚会。

4）10 月上旬（第五周），举办一期吉他培训班，聘请××学校教师任教。

5）10 月中旬（第七周），举办舞蹈培训班，拟分初、中级两个班先后进行。聘请我校教师×××、×××任教。

6）11 月上旬（第九周），举办一次音乐欣赏会或音乐知识讲座，请本校美育教师×××主讲。

7）11 月中旬（第十一周），协助搞好校运动会的有关工作。

8）11 月下旬（第十二周），努力创造条件，举办一期女子健美操训练班，以满足广大女生的要求；筹备元旦晚会的节目，充分调动新生的积极性。

9）12 月中旬（第十五周），组织元旦晚会节目的彩排，选出正式演出的节目。

10）12 月下旬（第十六周），组织元旦晚会。

（二）各项活动所需资金

1）需购舞曲 CD 盘 5 张，约 100 元。

2）国庆、元旦两次大型文艺晚会，分别评出一等奖 1 名（500 元）、二等奖 2 名（共 600 元）、三等奖 3 名（共 600 元）、表演奖 5 名（共 500 元）。每次合计 2 200 元，两次共计 4 400 元。

以上活动共需资金 4 500 元。

2015 年 7 月 10 日

（资料来源：欧阳文丽，2014，工作文书撰写：计划、总结[EB/OL]. https://www.docin.com/p-779428622.html，节选，有删减，有改动.）

分析：这是一份综合计划，开篇提出总的工作任务：把学生文娱活动开展得更加丰富多彩，但是没有写具体任务，通过"（一）时间安排"可知，具体任务主要有组织好国庆、校庆、迎新晚会和元旦晚会，举办吉他培训班和舞蹈培训班，组织一次音乐欣赏会或音乐知识讲座。所以应在"（一）时间安排"前加上"具体任务"和"工作措施"，如下。

（一）具体任务

我部将通过多种渠道、多种形式做好本部工作。具体的工作任务是：组织好国庆、校庆、迎新晚会和元旦晚会，举办吉他培训班和舞蹈培训班，组织一次音乐欣赏会或音乐知识讲座。

这样就能做到具体任务明确，时间安排实际。该计划没有列出具体措施作为完成任务的保证，因此需要列出执行计划所需要的措施，如下所示。

（二）工作措施

1）与学生会各部团结协作，组织好两次大型晚会，本着"分工不分家"的原则，搞好各项工作。

2）各项工作分工明确、责任到人。

3）增购舞曲 CD 盘。

这样，计划的"三要素"——目标、步骤、措施，在这份计划中就得到了较好体现，因而这份计划是切实可行的。

实训提升

一、填空题

1. 计划是计划类文书的统称，因为计划涉及的内容和期限不同，计划文书还有__________、__________、__________、__________、__________、__________六种名称。

2. 计划按性质划分，可以分为__________、__________两类。

3. 计划一般由__________、__________、__________等几个部分组成。

4. 完整的计划标题有四个构成要素，分别是__________、__________、__________、__________。

5. 正文是计划的核心部分，一般由__________、__________、__________三部分构成。

二、判断题

1. 规划是涉及远景目标和大阶段的全局性战略部署。（　）

2. 方案是可操作性很强的计划，是计划中内容最为复杂的一种。（　）

3. 短期计划一般比较具体细致，操作性较强，包括年度计划、季度计划、月计划、旬计划、周计划等。（　）

4. 前言主要说明制订计划的背景、依据、目的、意义、指导思想等，要写得简洁明了，具有概括性。（　）

5. 制订计划是为了更好地完成任务，因此在计划中，目标、任务、措施、办法、步骤等都要写得明确具体、切实可行，不可含糊不清、模棱两可。（　）

三、写作题

以某企业为背景，以企业开展某项工作为写作内容，如开展产品质量活动月、开展新员工培训工作等，写一份工作计划。

本章要点

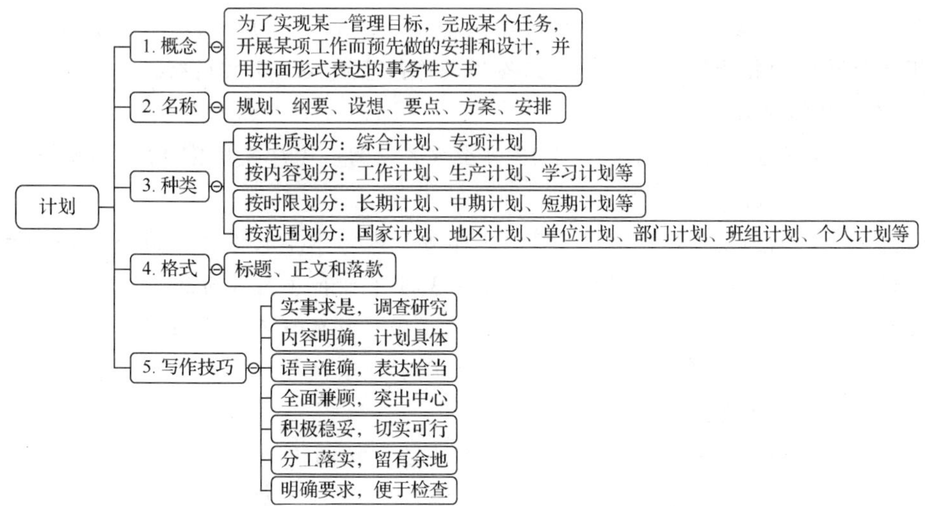

第五章　通　知

学习目标

1. 初步认识通知。
2. 了解通知的特点和种类。
3. 掌握通知的格式。
4. 了解通知写作过程中需要注意的事项。
5. 能够写常用的通知。

案例导入

××大学放寒假通知

校内各单位：

1. 根据国务院办公厅关于2018年节假日安排，经学校研究决定，2017年12月30日（周六）至2018年1月1日（周一）休息3天，2018年1月2日（周二）上班上课。

2. 本学期即将结束，各部门要根据学校工作日程安排，切实做好本学期期末收尾工作和下学期开学的各项准备工作，保证各项工作紧密衔接和正常进行。

3. 寒假时间安排。

1）学生放假时间为2018年1月13日至3月2日，3月3日21时前返校报到。

2）学生开学时间及相关安排：

学生上课时间为2018年3月5日，本学期期末考试不及格课程的补考工作和本学期期末考试申请缓考的考试工作将于2018年3月3日和3月4日进行，请全体学生务必在假期期间登录学校教务管理系统查看本人成绩，并做好不及格课程和缓考课程的复习。参加补考和缓考的学生务必于2018年3月1日返校领取准考证及办理缓考手续，按照规定时间、地点参加考试。

3）教工假期自2018年1月13日至3月1日，2018年3月2日至3月4日上班，做好开学前的各项准备工作，下班时间为15:00（3月2日为农历正月十五，下午放假）。

2018 年 3 月 5 日开始正式开学上班。

4. 假期前和假期工作要求。

1）各院（部）要协助教务处做好新学期教师配备、教材供应、教室调配等教学准备工作，落实好放假前学生期末考试成绩登记和开学前学生补考的有关工作。

2）全校各级党政领导要切实关心师生生活，深入基层，深入群众，帮助他们解决生活、学习中遇到的实际困难和问题，确保全校师生过一个欢乐、祥和、安全的新春佳节。

3）按照省、市文件精神，切实做好春节期间的安全保卫工作。放假前相关部门要对学校安全、防火等各项工作进行一次大检查，对重点部门、部位要加强安全保卫，采取防火、防盗措施，堵塞漏洞，防患于未然。安全处要落实好假期夜间巡逻工作，保证节假日期间的校园安全。

4）职能部门、各学院要组织好学生离校工作，加强学生寒假安全教育，根据上级统一要求组织学生开展好社会调查活动，确保学生平安顺利地度过寒假。

5）后勤部门要做好办公楼、教学楼和学生宿舍的防寒、供暖及有关设施的维修工作，确保新学期正常的教学秩序。

6）搞好假期校园卫生，保证良好的校园环境。

5. 值班要求。

1）假期休息期间，学校办公室、后勤保障处、计划财务处、安全处、国际教育学院、图书馆、各教学楼和各公寓楼每天要安排人员值班。各部门值班人员名单于 2018 年 1 月 12 日前报学校办公室和安全处。校部机关其他部门要参加学校总值班。

2）值班人员必须按时到岗，尽职尽责，不得迟到、早退或空岗，安全处负责检查值班情况。

××大学

2017 年 12 月 15 日

（资料来源：佚名，2017. 长春大学关于 2018 年元旦、寒假放假有关事宜的通知[EB/OL]. http://www.ccu.edu.cn/info/1023/1154.htm，略有改动.）

一、通知的内涵和特点

（一）通知的内涵

通知是在一定范围内告知对方，要求知晓或遵照执行的文书。它是批转下级机关的公文，转发上级机关和不相隶属机关的公文，传达要求下级机关办理和需要有关单位周知或者执行的事项，以及告知人员任免等事项时所使用的公文。

（二）通知的特点

1. 告知性

通知向特定受文对象告知或传达有关事项或文件，让受文对象知道或执行，要求受文对象按发文机关的意图办事。

2. 广泛性

通知的应用极为广泛。例如，下达指示、布置工作、传达有关事项、传达领导意见、任免干部、决定具体问题等，都可以使用通知。

3. 时效性

通知对时效性有严格要求，它所传达的事项，往往要求受文对象及时知晓并在规定的时间内迅速办理。

二、通知的分类

1. 指示性通知

这类通知用于上级机关需要对下级机关就某一事项作出具体规定，或就某一问题作出具体指示。例如，《教育部关于切实做好2017年普通高等学校家庭经济困难新生入学“绿色通道”等资助工作的通知》是教育部就家庭经济困难的新生入学问题作出指示，传达要求下级机关办理有关事项的通知。

2. 发布性通知

这类通知用于颁布行政法规、印发本机关的规章等。例如，《国务院关于印发质量发展纲要（2011—2020年）的通知》。

3. 批转性通知

这类通知用于批转下级机关的公文。例如，《国务院关于批转促进就业规划（2011—2015年）的通知》就是由人力资源和社会保障部、国家发展和改革委员会、教育部等部门为了做好“十二五”时期就业工作联合制定《促进就业规划（2011—2015年）》并上报国务院，国务院表示同意，批示并转发各省、自治区、直辖市人民政府，国务院各部委、各直属机构贯彻执行。

4. 转发性通知

这类通知用于转发上级机关和不相隶属机关的公文。例如，石家庄市人民政府办公

室关于转发《河北省人民政府关于公布省政府规范性文件清理结果的通知》的通知，此通知是石家庄市人民政府将上级机关发布的通知转发给下属机关。既然被转发的是上级、平级或不相隶属机关的公文，所以不能随意添加批语，只能以传达、推荐为主。

5. 知照性通知

这类通知用于安排一般性具体事务。为了便于工作，有必要将某些事项、信息传达和告知有关单位和人员。这类通知只起告知作用，如设置机构通知、启用印章通知、会议通知、布置具体工作通知等，如《××公司关于召开年终总结表彰大会的通知》。

6. 任免通知

这类通知用于上级任免下级的领导人或上级的有关人事任免需要下级或平级知晓，如《××市政府关于×××等10名同志职务任免的通知》。

三、通知的格式

通知一般由四个部分构成：标题、主送机关、正文和落款。

（一）标题

通知的标题与其他公文文种标题的格式相同，由发文机关、事由和文种三部分组成。

发布性通知、批转性通知、转发性通知的标题比较特殊，标题内含有一个被批转或被转发公文的标题，是大标题里包含着一个小标题，这个小标题就是大标题的发文事由。

如果被批转或被转发的公文是法规性文件，则须在法规性文件名称上加书名号，如“财政部关于印发《财政总预算会计管理基础工作规定》的通知”。

标题中的事由如果十分重要或非常紧急，可在文种前加上“重要”“紧急”等词语，如果是两个及两个以上机关联合行文，应加“联合”二字；如果是对不久前发的文件内容进行补充，应加“补充”二字。

（二）主送机关

主送机关是指定通知的承办、执行和应当知晓的受文机关。发布性通知的受文机关一般为直属下级机关，或需要了解通知内容的不相隶属机关，如《教育部办公厅关于印发〈未来技术学院建设指南（试行）〉的通知》的主送机关是各省、自治区、直辖市教育厅（教委），新疆生产建设兵团教育局，有关部门（单位）教育司（局），部属各高等学校、部省合建各高等学校。

（三）正文

正文一般由缘由和目的、通知事项、执行要求三部分构成。

通知的缘由和目的是通知正文的导语，要交代清楚为什么制发该通知，一般应写得简洁明了。过渡语往往用“现通知如下”“现将有关事项通知如下”“现就有关问题通知如下”“特作如下紧急通知”等。

通知的主体部分应写明通知事项，通知事项一般分条列项写明，使事项条目分明。

通知的结尾可用习惯用语“特此通知”，如果前言和主体间使用了过渡语“现通知如下”等，收尾处一般就不再用习惯用语，可以自然收尾，事项写完就结束；也可用简要文字，如“请结合本单位实际情况认真贯彻执行”等，再次明确主题或做必要的说明，以引起受文单位的重视。

（四）落款

在正文右下方写明发文机关名称，如果标题中已标明发文机关，则落款时可以省略，直接写成文日期即可。

四、通知的写作注意事项

（一）写作要求

1. 通知的事项要具体明确

通知的最大特点是告诉人们要遵守什么、执行什么、做什么。因此，无论是通知的缘由，还是通知的具体事项及应采取的措施和办法等都要写清楚、写明白，不能模棱两可、似是而非，让受文单位无法贯彻执行。

2. 通知的行文要简洁利落

通知往往是对某一具体事项的行文。因此，行文要简洁、干脆、明了，少用长句。有些简单的通知也可以不用行文，而采用电话或网络通知的形式。

3. 通知的用语要庄重得体

通知具有多种行文方向，不同的行文方向，其用语也是不同的。例如，下行文要突出发文机关的权威性、指令性；平行文要突出协调性、尊重性，忌用指令性语言。

（二）注意事项

通知的种类比较多，不仅结构不尽相同，而且正文的写法也有所不同。下面就不同种类的正文的写法分别加以说明。

1. 发布性通知的正文

这类通知的正文都比较简短，通常是写明发布的意义和目的，提出执行要求即可。

关于印发《企业安全生产费用提取和使用管理办法》的通知

各省、自治区、直辖市、计划单列市财政厅（局）、安全生产监督管理局，新疆生产建设兵团财务局、安全生产监督管理局，有关中央管理企业：

为了建立企业安全生产投入长效机制，加强安全生产费用管理，保障企业安全生产资金投入，维护企业、职工以及社会公共利益，根据《中华人民共和国安全生产法》等有关法律法规和国务院有关决定，财政部、国家安全生产监督管理总局联合制定了《企业安全生产费用提取和使用管理办法》。现印发给你们，请遵照执行。

附件：企业安全生产费用提取和使用管理办法

财政部　安全监管总局

二〇一二年二月十四日

（资料来源：安全监管总局，2012. 关于印发《企业安全生产费用提取和使用管理办法》的通知[EB/OL]. http://www.gov.cn/zwgk/2012-02/29/content_2079240.htm.）

分析：这份通知是印发财政部、国家安全生产监督管理总局（现为应急管理部）联合制定的有关安全生产费用提取和使用管理的规章。公文开头写明制定有关规章的原因和根据，列出制发的规章名称，并提出了贯彻执行的要求。

发布性通知常用的语句有“现印发给你们，请认真贯彻执行”“请照此执行”等。也常用“现将……印发给你们”这种介词结构前置的句式引出发布的法规或规章名称。

2. 批转性通知的正文

这类通知的正文一般包括发文的缘由，对所批转的文件的评价，并结合本地、本单位的实际情况，提出本部门的指导性意见。

批转中国人民银行××分行
《关于××市有价证券柜台交易试行办法》的通知

各县、区人民政府，市直各委、办、局（公司），各专业银行、信托投资公司：

市政府同意中国人民银行××分行《关于××市有价证券柜台交易试行办法》，现转发给你们，在试行中遇到问题，可向中国人民银行××分行反映。市工商行政管理、公安等部门应积极协助各金融单位加强有价证券交易的管理，维护金融市场秩序，确保这项工作顺利进行。

附：关于××市有价证券柜台交易试行办法

××市人民政府

××××年××月××日

（资料来源：杨忠慧，2010. 应用文写作[M]. 北京：中国人民大学出版社.）

关于××市有价证券柜台交易试行办法

为加强对社会集资工作的管理，促进有价证券的流通，进一步搞活我市资金市场，根据国务院发布的《企业债券管理暂行条例》和《关于加强股票、债券管理的通知》精神，特制定本试行办法。

一、我市凡按章程规定可转让、抵押的债券、股票和大面额可转让的存款证，经向中国人民银行××分行申请批准后，均可参与柜台交易。

二、本市各信托投资公司（以下简称信托公司）经向中国人民银行××分行申请批准后，均可设立证券交易柜台，开展有价证券的交易业务。

三、债券交易业务，可由信托公司向债券持有人买入债券，再转卖给新的购买者。买入价按面额加上利息，利息以持券人实际持券期限的同档次银行储蓄存款利率打九折计息（以债券发行日起计算，不足1个月的当月不计息。实际持券期介于两个档次利率之间的按低档的利率计息）；卖出价按面额加上利息（债券发行日起至债券购买期间的利息），利率按证券规定的计息，不足1个月的按1个月计息。

四、对急需用款而又不愿卖出债券者，可采取债券抵押的办法取得现金。抵押时间最长为3个月，逾期不赎者，公司对所抵押的债券有权自行处理。抵押利率按月息1%计收，不足1个月的按1个月计息。利息收入起点为人民币1元。各信托公司柜台可办理国库券的抵押和贴现业务，具体手续按中国人民银行总行颁发的《1985年国库券贴现办法》办理。

五、委托代理转让业务，包括债券、股票的代买和代卖，其价格按照委托买卖双方的意愿，随行就市。信托公司按成交额向委托买卖双方各收取3‰手续费，如委托人撤销委托，不计收手续费。信托公司对成交证券的真伪负有鉴别责任。

（一）证券持有人要求代理出售证券，应填具“代理出售委托书”，并将证券交给信托公司，由信托公司出具临时收据。

（二）证券需求人委托信托公司购入证券时，应填具“代理购入证券委托书”，并将购买证券所需的资金存入信托公司作为保证金，由信托公司出具临时收据（保证金不计利息）。各代购金额超过存入保证金的金额，按实际占用的金额和时间收取利息。

（三）信托公司接受委托后，根据委托人的委托日期先后予以登记，通过公开挂牌等方式物色买方，按价格优先和时间优先原则确定成交双方，并填具成交单予以成交。

六、上市的股票必须是经中国人民银行××分行批准，在本市公开发行的不定期收回的股票；发行股票的企业要定期公布经主管部门或者会计师事务所签证的财务会计报表。企业不得在信托公司购买本企业的股票，禁止了解企业内幕情况的人从事该企业股票的买卖活动。

七、有价证券的交易方式以现货交易为限，即在证券成交时以现金买卖证券，不得做期货交易。

八、严禁倒买有价证券，从中渔利，或散布谣言，扰乱市场秩序，违者按情节轻重予以处罚。

九、证券发行单位应向信托公司提供上市证券的样张（包括暗记），各信托公司应将业务活动情况定期报送市人民银行金融管理处。

十、本试行办法经××市人民政府批准后施行。未尽事宜可由中国人民银行××分行负责修订。

中国人民银行××分行

××××年××月××日

（资料来源：黄传武，2016. 应用文写作[M]. 北京：北京邮电大学出版社.）

3. 指示性通知的正文

这类通知的正文经常由缘由、事项、要求三部分组成。缘由即制发本通知的依据、目的或意义，要求文字简洁、概括；事项部分多采用分条列项法；要求即对执行事项的具体措施、办法。

教育部办公厅关于切实做好2018年秋季学期普通高等学校家庭经济困难新生入学相关工作的通知

教财厅函〔2018〕15号

各省、自治区、直辖市教育厅（教委），各计划单列市教育局，新疆生产建设兵团教育局，有关部门（单位）教育司（局），部属各高等学校：

为有效落实高校学生资助政策，确保2018年高校家庭经济困难新生顺利入学，现就切实做好高校家庭经济困难新生入学工作通知如下。

一、确保资助政策人人知晓

各地、各高校要积极把握招生录取和新生入学两个时间节点，创新宣传方式，不断扩大宣传覆盖范围，重点加大在革命老区、民族地区、边远地区、贫困地区的宣传力度，全方位、多角度、深层次地宣传高校家庭经济困难学生资助政策，消除家庭经济困难新生及其家长的后顾之忧；要按时开通高校学生资助热线电话，将电话号码和开通时间广而告之，耐心做好政策咨询和投诉受理工作，确保热线电话“人人打得进”、政策咨询“件件有说法”、投诉受理“事事有落实”；要配合各类媒体开展正面宣传，密切关注社会舆论动向，发现问题迅速核查、及时上报、妥善处理。各高校在发放录取通知书时，务必一并寄送《高校本专科学生资助政策简介》，做到新生人手一册，人人知晓。

二、确保“绿色通道”便捷温馨

各高校要进一步畅通“绿色通道”，强化领导和组织，主管校领导要亲自安排部署，校内各有关部门要密切配合，将责任落实到人、落实到具体环节；要在新生入学前，提前摸排新生的家庭经济状况，有针对性地做好家庭经济困难新生入学工作预案；要在新生报到现场设立“绿色通道”专区，简化报到手续，提高办事效率，确保所有提出申请且符合条件的家庭经济困难新生快速通过“绿色通道”办理入学注册手续；要注意保护学生隐私，对通过“绿色通道”入学的新生给予更多人文关怀，引导他们正确面对困难，安心开始新的学习和生活。

三、确保助学贷款“应贷尽贷”

各地要进一步推动落实国家助学贷款政策，扩大覆盖范围，确保有贷款需求且符合条件的新生都能顺利获得生源地信用助学贷款；要创新工作方式，通过错峰受理、分散受理、预约办理等，提高受理效率，杜绝学生、家长排长队等候和往返奔波的现象。各高校要配合有关金融机构积极落实校园地国家助学贷款政策，妥善解决家庭经济困难学生尤其是通过“绿色通道”入学学生的学费问题；要配合有关金融机构及时做好生源地信用助学贷款回执录入工作。各地、各高校要继续开展对贷款学生的诚信教育，通过多种渠道，向贷款学生及家长宣传普及信用知识，帮助树立诚实守信意识。

四、确保入学后资助精准有力

各高校要在新生入学后尽快开展新生家庭经济情况摸底工作，准确掌握新生家庭经济困难的原因、程度和受助需求，扎实做好家庭经济困难学生认定工作；要注重保护学生尊严，评定学生家庭经济状况时，不能让学生当众诉苦、互相比困；要有效利用各类奖助学金、国家助学贷款、勤工助学等措施，精准施策，为家庭经济困难学生制定有针对性的资助方案；要加大对建档立卡家庭学生、最低生活保障家庭学生、特困供养学生及家庭经济困难孤残等学生的资助力度，帮助解决学费、住宿费和生活费等基本学习生活支出。

五、确保预警提示及时到位

各地、各高校要在新生入学以及奖助学金发放前后，广泛利用网络、电视、报纸等媒体以及入学教育、班会、校园宣传栏等方式，提醒学生警惕各种“校园贷”、“套路贷”和“回租贷”等，警惕各种打着奖助学金旗号的诈骗行为。各高校应通过案例分析、警示教育等方式提高学生的安全意识和甄别能力，提倡理性消费、科学消费，倡导勤俭节约。

请各地、各中央部门所属高校〔非教育部直属的中央部门所属高校请有关部门（单位）教育司（局）负责通知〕根据上述要求，于 2018 年 9 月 30 日前将家庭经济困难新生入学资助工作总结和《2018 年高校家庭经济困难新生入学及资助热线电话开通情况统计表》《2018 年高校新生入学报到情况统计表》（见附件，可在全国学生资助管理中心网站下载）报送至全国学生资助管理中心。纸质版材料邮寄至北京市西城区西单大木仓胡同 35 号郑王府西 13 室（100816）；电子版发送至电子邮箱 huadong@moe.edu.cn。

（资料来源：教育部办公厅，2018.教育部办公厅关于切实做好 2018 年秋季学期普通高等学校家庭经济困难新生入学相关工作的通知[EB/OL]. http://www.moe.gov.cn/srcsite/A05/s7505/201808/t20180801_344050.html.）

分析：这份通知是教育部就家庭经济困难的新生入学问题作出指示，传达要求下级机关办理有关事项的通知，主题是做好 2018 年普通高等学校家庭经济困难新生入学“绿色通道”等资助工作。

指示性通知的开头一般交代发通知的背景、理由等，应写得简明扼要。这份通知开头简明扼要地交代了写作背景和写作理由，即因“为有效落实高校学生资助政策，确保 2018 年高校家庭经济困难新生顺利入学”而发出通知。

通知主体部分须写明指示事项和指示要求，这是受文单位执行的依据。主体部分在结构上可采用分条列项的形式，也可用分列小标题的形式。这份通知运用小标题从三个方面提出要求：一是要求各地教育部门、各高校思想上要高度重视对家庭经济困难学生的资助工作；二是明确要认真做好秋季学期开学前后的有关工作；三是要求强化监督检查，确保工作实效。

这份通知传达了要求下级机关办理和执行的事项，内容明确、层次清楚，每部分都用观点句概括，体现了公文语言准确、庄重的特点。

4. 会议通知的正文

通常，一份完整的会议通知，应当包括如下几方面内容。

1）开会的目的或根据。

2）会议的主要议程。

3）参加对象的条件及名额分配。

4）会议的时间、地点。

5）出席会议者应自备的物件，如介绍信、经费、照片、论文等。

6）报到的具体方式，如报到时间、接站安排或行走路线等。

7）其他有关事宜。

准确、齐全、具体是对会议通知所写事项的基本要求。但在具体实践中，并不是以上七条都必须同时具备，可根据实际情况，省略其中的个别项目。

关于2016年1月份召开安全例会的通知

公司各科室：

为确保我司2016年道路安全工作顺利进行，树立“安全第一，预防为主，综合治理”的思想理念，减少乃至杜绝道路交通事故的发生，经公司安委会研究决定，召开1月份安全例会，现将有关事项通知如下。

一、时间：2016年1月15日15:30。

二、地点：公司会议室。

三、参会人员：全体管理人员。

四、会议内容：

1. 对近阶段的安全工作进行总结。

2. 对即将来临的春运安全工作做出安排。

五、会议要求：请参会人员准时参加，不得迟到早退，不得缺席。

××公司

2016年1月10日

（资料来源：黄传武，2016. 应用文写作[M]. 北京：北京邮电大学出版社.）

5. 任免通知的正文

任免通知的正文主要由两部分构成：一是任免的依据、时间；二是任免人员的具体职务。

关于××同志任职的通知

市办发〔20××〕××号

××市林业局：

经研究决定：

任命××同志为××市林业局局长，免去其××市经委副主任职务。

××市人民政府

二〇××年××月××日

6. 事项性通知的正文

事项性通知多交代具体事项、执行的时间和要求等。

通 知

为了组织好我司团建活动，兹定于 2017 年 9 月 25 日上午 10 点整在公司会议室召开会议，谈论有关团建的具体事项，请公司全体人员准时到会。

××公司办公室

××××年××月××日

写法指导

正例分析

农业农村部办公厅关于完善动物检疫出证有关事项的通知

各省、自治区、直辖市农业农村（农牧、畜牧兽医）厅（局、委），新疆生产建设兵团农业农村局：

为进一步明确动物检疫出证有关要求，促进种猪、仔猪和商品猪规范有序调运，稳定生猪生产发展，现就完善动物检疫出证有关事项通知如下。

一、规范动物检疫专用章格式

自 2019 年 12 月 1 日起，启用新的动物检疫专用章（样式附后），用于动物检疫合格证明（动物 A、动物 B、产品 A、产品 B）。原有的动物卫生监督所（兽医卫生）检疫专用章最迟使用至 2020 年 3 月 1 日。请各用章单位到省级农业农村部门申领动物检疫专用章，各省级农业农村部门组织做好动物检疫专用章防伪设计、生产和发放登记工作。

二、完善动物检疫合格证明填写要求

对申报检疫的种猪或仔猪，检疫合格的，出具动物检疫合格证明，并在动物检疫合格证明的“用途”项目分别填写“种猪”或“仔猪”。请各省级农业农村部门组织本地区动物卫生监督机构尽快落实上述填写要求。

附件：动物检疫专用章样式

农业农村部办公厅
2019 年 11 月 21 日

（资料来源：畜牧兽医局，2019.农业农村部办公厅关于完善动物检疫出证有关事项的通知[EB/OL]. http://www.moa.gov.cn/xw/bmdt/201911/t20191126_6332387.htm.）

分析：这是一份农业农村部发布的关于完善动物检疫出证的指示性通知，缘由是“为进一步明确动物检疫出证有关要求，促进种猪、仔猪和商品猪规范有序调运，稳定生猪生产发展”。事项是“规范动物检疫专用章格式”“完善动物检疫合格证明填写要求”。要求是“各省级农业农村部门组织本地区动物卫生监督机构尽快落实上述填写要求”。这个通知格式规范、目的明确、事项清晰，符合指示性通知写作规范。

病例分析

<table><tr><td>

通　知

尊敬的学生家长:

我校定于 2018 年 9 月 7 日召开高一年级学生家长会，请您在百忙之中抽出宝贵时间按时到场。

××市第五中学
2018 年 9 月 1 日

</td></tr></table>

分析：这是一份发给学生家长来校开家长会的通知，格式正确无误，包含了标题、受文对象、正文、落款。但是正文有两处没有交代清楚：一是开家长会的具体时间，到底是 9 月 7 日上午还是下午，具体几点开会；二是开会的具体地点，是在教室还是会议室。

实训提升

一、填空题

1. 通知的特点有__________、__________、__________。
2. 通知的分类有__________、__________、__________、__________、__________、__________。
3. 通知一般由__________、__________、__________、__________四部分组成。
4. 通知的正文一般由__________、__________、__________三部分组成。
5. 一份完整的会议通知一般应包括__________、__________、__________、__________、__________、__________、__________。

二、判断题

1. 通知仅限于党政机关使用，用于转发上级机关和不相隶属机关的公文，传达要求下级机关办理和需要有关单位周知或者执行的事项，任免人员。 （ ）

2. 通知对时效性有严格要求，要求接受通知的人及时知晓并在规定的时间内迅速办理。 （ ）

3. 通知的主体部分应写明通知事项，通知事项一般分条列项写明，使事项条目分明。 （ ）

4. 通知的行文要简洁、利落，少用长句。 （ ）

三、写作题

三林公司打算召开工作会议，内容主要是传达市经委工作会议精神，总结 2019 年的工作，布置 2020 年的任务，要求公司所属的各部门主要负责人参会。与会人员需带 2019 年的工作总结和明年的工作计划，会议时间是 2019 年 12 月 27 日，要求提前一天报到，会议地点是绿江酒店。请按要求写一份该会议的通知。

本章要点

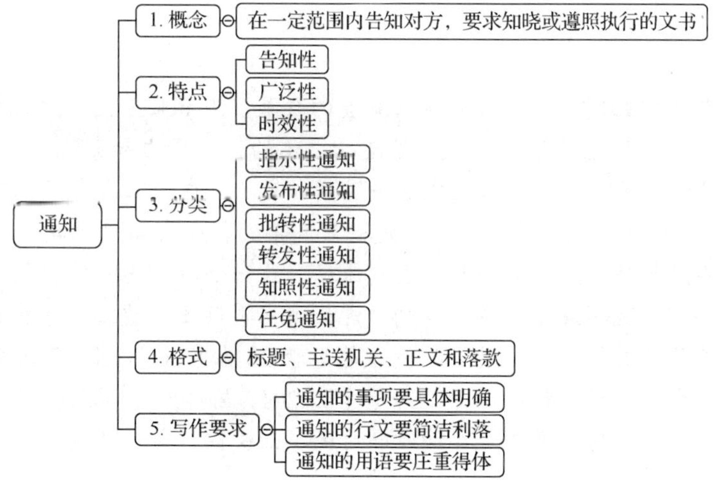

第六章　调查报告

学习目标

1. 初步认识调查报告，了解调查报告的应用场景。
2. 掌握调查报告的特点、种类及格式。
3. 了解调查报告写作的注意事项。
4. 初步具备调查报告写作的能力。

案例导入

地方师范院校毕业生就业意向调查报告——以曲靖师范学院为例

一、前言

随着国家劳动就业制度和毕业生就业制度的改革，为毕业生就业“双向选择”创造了良好的条件，但同时也使毕业生承担了选择主体的巨大压力和竞争的严峻挑战。“大学生就业难”已经成为学校、家长及学者关注的话题，并成为社会焦点问题之一。造成“大学生就业难”的原因是多方面的，也是较为复杂的，而大学生的就业去向、择业标准与社会需求存在矛盾，是造成“大学生就业难”的一个不可忽视的原因。为了深入了解和掌握曲靖师范学院毕业生的择业意向，进一步完善毕业生就业指导和服务，做好本届毕业生的就业指导工作，提高就业质量，笔者于2016年11月至12月期间采用问卷调查与访谈相结合的方式随机选择曲靖师范学院2017届400名毕业生进行了调查，共收回有效调查问卷376份。调查主要涉及学生的毕业去向、行业选择、区域选择、薪酬期待等方面。

二、就业意向调查与分析

1. 调查对象基本情况

在376名毕业生中，男生92人，女生284人；农村户口274人，城镇户口102人；省内学生312人，省外学生64人。在校期间担任过班级、院校学生干部的86人。其中，

校级学生干部9人，院级学生干部20人，担任过社团协会学生干部的28人，担任过班级学生干部的29人。

2. 毕业生就业意向调查分析

1）毕业后出路选择。在调查中，对毕业生毕业后首选出路的选择中：有高达64%的学生选择一毕业马上就业，30%的学生选择继续深造（考研或留学），6%的学生有自主择业和自主创业的意向。分析其中的原因，来自农村的学生比较多，很多学生背负着家人的期盼，大学毕业就要就业为家庭分担经济压力，这是构成我校学生毕业后马上就业成首选的主要原因。选择继续深造（考研或留学）的学生，一部分是为了提升自身层次，以寻求更多的就业发展空间；另一部分是没有做好就业准备而进行考研。但很多学生均表示考研结束后仍会选择就业。

2）就业地区选择。调查数据显示，曲靖市各县仍成为学生首选地，占63.06%；云南省内其他州市选择次之，占30%。大部分学生还是愿意选择回到生源地参加工作。比较少的学生愿意到昆明及省外应聘，究其原因是这些地方的就业条件苛刻，竞争压力比较大。

3）毕业生就业岗位意向选择（多选）。数据显示，曲靖师范学院学生就业岗位意向还是相对保守，“金饭碗”思想还存在，普遍选择工作稳定，具有较好社会保障的工作。毕业生就业时首选岗位是公务员，依次为事业单位（教师）、特岗教师、事业单位（非教师）、大学生村官、国有企业等，具体岗位选择比例见表1。

表1　岗位选择比例表

序号	岗位性质	预报人数/人	比例/%
1	公务员	321	68.15
2	事业单位（教师）	300	63.69
3	特岗教师	295	62.63
4	事业单位（非教师）	160	33.97
5	大学生村官	100	21.23
6	研究生	73	15.50
7	民营企业	43	9.13
8	国有企业	41	8.70
9	“三支一扶”	25	5.31
10	汉办教师	23	4.88
11	西部志愿者	21	4.46
12	自主创业	9	1.91
13	参军	9	1.91
14	留学	2	0.42

4）毕业生薪酬期望。收入是反映就业状况最重要的指标之一。毕业生期望的月薪在1 000元以下的为0人，1 000～2 000元的达5.1%，2 000～3 000元的达8.62%，而3 000

元以上的则高达 87.95%。这也反映出学生对薪酬的期望值是比较高的。

5）毕业生首选求职方式。曲靖师范学院毕业生求职方式主要表现为：参加各类单位招聘考试、参加校内外各种招聘会、自主寻访等。参加各类单位招聘考试被毕业生认为是找工作的最佳途径和选择。而通过教师、亲友介绍也被认为是找到好工作的捷径之一，但这类非常少。

三、毕业生择业行为调查分析

1. 个人就业目的

个人就业目的与就业意向有着直接的联系。曲靖师范学院学生个人就业目的排在前三名的是：为了生计、兴趣爱好和实现自身价值。“为了生计”排在最前，这与学生的生源地及家庭经济情况有很大关系。很多学生来自农村，而且很大一部分是来自云南偏远山区，家庭经济条件不好，上大学欠债很多，需要偿还贷款，这使得学生面临毕业即找工作，其就业目的是为了谋生。

2. 影响就业的因素

参加调查的学生大多认为影响就业成功的关键因素是社会关系、工作或学习经验和应聘技巧。一方面，从侧面反映出用人单位的观念；另一方面，反映出部分学生被一些不好的社会风气影响产生认知片面性，认为好工作全靠关系。但同时也体现学生希望能够得到更多的见习、实习机会。调查统计反映，学生求职失败的原因主要有自身条件欠缺、缺乏竞争力、缺乏社会关系、信息严重不足等。学生普遍反映，通过在校期间的见习和实习，到学校旁听，深切感到自身授课技巧、课堂组织管理等方面的欠缺。

四、就业指导工作的启示

1. 增强就业教育和就业指导的针对性和有效性

从调查结果来看，大学生就业一方面受自身专业文化素质及个人价值观、就业观的影响；另一方面受国家社会转型、社会结构不断调整、市场用人机制变化的影响。因此，为了合理解决大学生就业意向与现实条件的差距，高校就业工作指导教师应该在就业教育和指导过程中适时地加入客观而翔实的社会现实内容。例如，国家社会经济形势，相关地区及行业的平均工资、计酬方式、工作时间、劳动强度、消费水平、发展前景等。同时，应注意引导大学生搞好自身的职业兴趣、职业理想、职业能力等方面的客观测评，结合个人情况、家庭状况和可能的机会，形成理性的职业意向。努力使高校就业指导工作与学校人才培养、市场需求相配套。

2. 建设一支高素质的就业指导队伍是保障

学生就业竞争力体现在自身素质和外界影响，而外界影响主要体现在高校就业指导

教师的素质上。因此，高等师范院校就业指导工作能否有效开展，在很大程度上取决于学校是否有一支高素质、战斗力强的就业指导人员队伍。加强高等师范院校就业指导人员队伍建设，开展高质量的就业指导，对于解决师范类学生就业难问题具有重要意义。根据目前高等师范院校的人员配置情况，可以建立由思政专业教师、专职辅导员、专职院系书记和就业指导部门人员组成的就业指导人员队伍的主体，并适当辅以校外专家、学者、成功人士等开展就业指导工作。

（资料来源：邱宇德，2017. 地方师范院校毕业生就业意向调查报告：以曲靖师范学院为例[J]. 中国市场（14）：194，196，有改动.）

案例点评：

这是一份情况调查报告，调查的是曲靖师范学院学生的就业意向情况。调查报告的开头部分写出此次调查的目的是“为了较深入了解和掌握曲靖师范学院毕业生的择业意向，进一步完善毕业生就业指导和服务，做好本届毕业生的就业指导工作，提高就业质量。”为达到这一目的，作者采用问卷调查与访谈相结合的方式，对该校部分学生进行了调查，掌握了大量一手资料，在此基础上对学生的就业意向和就业行为进行分析，最后提出了加强就业指导工作的方法。

一、调查报告的概念

调查报告是机关、部门、组织或个人，对某一项工作、某一件事情、某一个问题、某一种情况或某一方面的经验，进行深入了解、周密调查、认真分析研究后，写出的能反映事物本质和规律的书面报告。

调查报告与公文中的“报告”有所不同。公文中的“报告”侧重于下级机关向上级机关汇报工作、反映情况或答复上级机关的询问，供主管领导指导部门工作时参考；而调查报告不限于日常工作，凡与工作有关的重大事情、典型事件、经验或教训等带有普遍意义的问题，都可以用调查报告的形式予以反映。

调查报告的范围极为广泛，既可作为应用文体在机关应用文中出现，也可以新闻报道的形式在报纸、期刊等大众媒体上出现；调查报告的内容也较为复杂，既可供内部参考，也可公开发表。

二、调查报告的特点及种类

（一）调查报告的特点

1. 真实性

调查报告是对客观事物的如实反映，不论是总结经验、研究新事物，还是揭示事实真相，必须以充分确凿的事实为依据，必须确有其人、实有其事，绝不能道听途说、东拼西凑，不应有半点浮夸和虚假，更不能歪曲事实。

2. 针对性

针对性是调查报告的灵魂。进行调查研究，撰写调查报告，是为了解决实际问题，因此有很强的针对性。同时，针对某个问题要深入调查，走马观花的调查是不会有很大收获的。一般来说，针对性越强，调查的效果就越好。

3. 典型性

调查报告所反映的内容，无论是经验还是问题，都应具有典型性，要能起到以局部反映全局或以“点”带“面”的作用。调查报告如果反映的是没有任何典型意义的孤立的个别事例，就不会对工作有指导意义。

4. 时效性

调查报告回答的是现实生活中迫切需要解决的问题，有较强的时效性；否则，时过境迁，就失去了现实的指导作用。因此，调查要迅速深入，报告要及时写出，以发挥其有效的作用。

（二）调查报告的种类

调查报告所涉及的内容很广泛，表现形式也多种多样，可以从不同的角度按不同的标准进行分类，其主要分类如下。

1. 按内容分

调查报告按内容可分为经验调查报告、情况调查报告和问题调查报告。

1）经验调查报告。该类调查报告主要以先进经验、典型事例为调查对象，通过对其进行调研，提出若干值得人们思考的规律性认识和可借鉴的典型经验。写作时，要列举成绩、总结经验做法，尤其是要写清楚遇到的困难和克服困难的方法及取得的效果，以利于指导今后的工作。

2）情况调查报告。该类调查报告主要针对一些社会情况，如社会生活中涌现的新事物、新问题、新变化、新现象及新观念所写的调查报告，包括社会风气、衣食住行、婚礼、赡养等群众生活的各方面问题。撰写情况调查报告要进行深入的分析、论证，权衡利弊得失。各种新闻媒体很重视这一方面题材的报道。

3）问题调查报告。该类调查报告主要是针对实际工作与现实生活中存在的带有倾向性的问题展开调查。详细分析问题的种种现象，阐述引起问题的原因，指出问题的危害，探寻解决问题的办法与措施。

2. 按功能分

调查报告按功能可分为指导型调查报告、定性型调查报告和咨议型调查报告。

1）指导型调查报告。该类型调查报告即经验调查报告。

2）定性型调查报告。该类型调查报告是指通过对某些事件或某个引起争议的人物进行调查，并站在政策法规的高度做出定性的以引起有关人员重视的调查报告。它以明断是非、核对事实、得出正确结论为写作目的。

3）咨议型调查报告。该类型调查报告是指针对事关全局的问题（如民情）进行调查，通过分析、对比、评述，向领导的决策提供建议、解决方案。

3. 按范围分

调查报告按范围可分为综合调查报告和专题调查报告。

1）综合调查报告。该类型调查报告是指对某一单位、某一事物或某一问题等进行多方面的调查研究和综合分析，提出观点和意见的调查报告。

2）专题调查报告。该类型调查报告是指围绕某项工作或某一问题等进行系统调查分析，并加以研究后写成的报告。

三、调查报告的格式

一般来说，调查报告的内容包括标题、前言、概况介绍、资料统计、理性分析、总结和结论（或对策、建议），以及所附的材料等。由此形成的调查报告结构包括标题、前言、正文、结尾和落款。

（一）标题

调查报告的标题有单标题和双标题两种类型。

1. 单标题

这种形式可以直接写明调查对象和调查范围，可以直接写明调查报告的主旨要求，也可以直接写明调查报告的问题。单标题又可分为公文式标题和文章式标题两种。

1）公文式标题。这类标题揭示了调查的对象或主要问题，如“关于××市××街路面塌陷的调查报告”。

2）文章式标题。这类标题概括了调查报告的内容，如“大学生时间支配情况调查”“一个百年不倒的小企业”。

2. 双标题

双标题是正副标题形式，即正标题陈述调查报告的主要结论或提出中心问题，副标题标明调查的对象、范围、问题，如“为了造福子孙后代——××县封山育林调查报告”。

（二）前言

前言又称引言，是调查报告的导语，简洁明了地介绍有关调查的情况，或者提出全文的引子，为正文写作做好铺垫。前言有三种写法：①简介式，对调查的课题、对象、时间、地点、方式、经过等作简明的介绍；②概括式，对调查报告的内容（包括课题、对象、调查内容、调查结果、分析的结论等）作概括的说明；③交代式，对课题产生的由来作简明的介绍和说明。前言起到提纲挈领的作用，语言要精练概括，直奔主题。

（三）正文

正文是调查报告的主体。它对调查得来的事实和有关材料进行叙述，对所做出的分析进行议论，对调查研究的结果和结论进行说明。

正文的结构有不同的框架，具体如下。

1）根据逻辑关系安排材料的框架，有纵式结构、横式结构、纵横式结构三种。其中，纵横式结构常被人们所采用。

2）按照内容表达的层次组成的框架。例如，“情况—成果—问题—建议”式结构，多用于反映基本情况的调查报告；“成果—具体做法—经验”式结构，多用于介绍经验的调查报告；“问题—原因—意见或建议”式结构，多用于揭露问题的调查报告；“事件过程—事件性质结论—处理意见”式结构，多用于揭露是非的调查报告。

（四）结尾

结尾的写法比较多，可以提出解决问题的方法、对策或下一步改进工作的建议；或者总结全文的主要观点，进一步深化主题；或者提出问题，引发人们进一步思考；或者展望前景，发出鼓舞和号召。调查报告的结尾方式包括补充式、深化式、建议式、激发式等。

（五）落款

调查报告的落款要写明调查者的单位名称、个人姓名及完稿时间。如果标题下面已注明调查者，则落款可省略。

四、撰写调查报告的注意事项

1. 调查对象典型，具有现实针对性

调查报告反映的对象没有限制，正面的、反面的，现实的、历史的，个人的、单位的事情都可成为调查的对象，用调查报告来反映；但无论反映哪方面的事情，都必须是典型的，是针对现实中需要澄清、了解、解决的，或是代表发展方向需要发掘、推广的。只有在现实针对性的前提下，目的明确地抓住其中的典型予以反映，调查报告才会真正具有现实意义和指导作用。

2. 用事实说话

写作调查报告，无论是反映情况、总结经验、揭露问题，还是为制订新政策、新计划提供依据或建议，都必须以事实为基础，用具体事例和数据来说明。因此，注重调查、充分掌握材料很重要。

3. 材料真实，准确可靠

真实是调查报告的生命。调查报告的真实取决于材料的准确可靠。写进文章的时间、地点、人物、事件不能虚构，运用的事实、数字不能夸大或缩小。如果材料失实，调查报告就会失去科学价值和生命力，甚至可能带来不良后果。

4. 叙议得法，不失可读性

调查报告的写作以叙述事实为主，运用叙述将情况、现象、问题等事实交代清楚，还必须适当地、画龙点睛地针对事实加以议论，以揭示事实的本质意义或内在属性，从而引导人们从现象到本质，深刻认识事物。调查报告是一种贴近新闻的文体，常在报刊发表，因此讲究语言的生动表达，不失其可读性也是很有必要的。

写法指导

正例分析

大学生食堂用餐满意度调查报告

一、前言

大学生在学校学习和生活，他们对学校的环境、饮食、生活的满意度在一定程度上会影响他们的生活、学习。因此，对大学生在校期间的生活、饮食及对学校后勤管理的食堂餐饮服务满意度的调查，是对提高学校后勤管理和提升保障服务的一个参考和鞭策。

二、调研背景及目的

苏州经贸职业技术学院在校学生近 1 万人左右，后勤管理模式在学院领导的指示和关怀下进行了新的尝试和提升。学校后勤管理的重中之重是食堂，食堂是全校师生员工在校学习、生活的有力保障，研究就餐者（主要指大学生）对于学校食堂的满意度，可以更好地改善师生的生活条件和就餐环境，可以提高师生对学校食堂的信任度和认知感。为此，学院后勤组织邀请学校团委和学生伙食管委会在一定时间、以一定的方式对在校学生和其他就餐者对学校食堂经营进行了一次问卷调查和测评。

三、调研方法

调查时间：2017 年 12 月 10 日—2017 年 12 月 20 日
调查地点：苏州经贸职业技术学院南区食堂门口
调查对象：学院学生
调查方式：问卷调查

本次调研活动发放问卷 400 份，回收有效问卷 390 份，回收率为 97.5%。将调查所取得的数据输入 Excel 软件，并经过处理进行系统性统计、分析和交叉分析，用文字并结合图表的形式呈现了最终结果。

四、调研统计与分析

（一）对调查对象的简单分析

1. 食堂用餐频率分析（表 1）

表 1　食堂用餐频率分析

食堂用餐频率	人数	占比/%
每天去	170	43.6
经常去	126	32.3
偶尔去	70	17.9
几乎不去	24	6.2
总计	390	100

根据调查结果显示，我校学生去食堂用餐的频率相对比较高。

2. 食堂用餐消费满意情况分析（表 2）

表 2　食堂用餐消费满意情况

食堂用餐消费满意情况	人数	占比/%
满意	6	1.5
比较满意	104	26.7
一般	198	50.8
比较不满意	52	13.3
不满意	30	7.7
总计	390	100

根据调查结果显示，对食堂用餐消费感觉满意的（含满意和比较满意）占28.2%，认为不满意的（含比较不满意和不满意）占21%，对食堂用餐消费情况满意度略大于不满意。

（二）对影响满意度的因素的基本分析

1. 菜肴色香味满意情况分析（表3）

表3　菜肴色香味满意情况分析

菜肴色香味满意情况	人数	占比/%
满意	16	4.1
比较满意	90	23.1
一般	180	46.1
比较不满意	81	20.8
不满意	23	5.9
总计	390	100

根据调查结果显示，对销售菜肴的色香味感觉满意的（含满意和比较满意）占27.2%，认为不满意的（含比较不满意和不满意）占26.7%，对菜肴色香味满意略大于不满意。

2. 菜肴品种价格满意情况分析（表4）

表4　菜肴品种价格满意情况分析

菜肴品种价格满意情况	人数	占比/%
满意	29	7.4
比较满意	88	22.6
一般	182	46.7
比较不满意	60	15.4
不满意	31	7.9
总计	390	100

根据调查结果显示，对食堂销售菜肴品种价格感觉满意的（含满意和比较满意）占30%，认为不满意的（含比较不满意和不满意）占23.3%，对食堂销售菜肴的价格满意略大于不满意。可见，食堂菜肴品种价格基本是稳定的，学生可以接受。

3. 经营场所卫生满意情况分析（表5）

表5　经营场所卫生满意情况分析

经营场所卫生满意情况	人数	占比/%
满意	65	16.7
比较满意	139	35.6
一般	142	36.4
比较不满意	15	3.85
不满意	29	7.45
总计	390	100

根据调查结果显示，对食堂经营场所卫生满意的（含满意和比较满意）占52.3%，

认为不满意的（含比较不满意和不满意）占 11.3%，对食堂经营场所卫生满意大于不满意，说明学生对食堂经营场所卫生是满意的。

（三）对食堂满意度的交叉分析

调查结果显示，天天去和经常去的对食堂的满意度略高于偶尔去和几乎不去的。从中分析可知，偶尔去和几乎不去的其不满意因素也略高于天天去和经常去的。经调查，不满意的理由是：距离远、价格偏贵、味道不好等。

（四）调查小结

从调查问卷和拦截访问等形式对食堂经营满意度调查测评得出结论：51.3%的学生对学校食堂的经营管理情况保持中性认可，选择不满意的占 23.1%，选择满意的占 25.6%。

五、建议与对策

（一）注重食品安全，防微杜渐

作为学校食堂，食品安全是头等大事，容不得半点马虎。后勤安全管理人员应把食品安全放在首位，将安全监控贯彻到整个食品生产加工的全过程。从原料的采购、初加工、烹饪、销售的各个环节都应严格管控，注重食品卫生安全，杜绝食品中毒事件和不良事件的发生。警钟长鸣，防微杜渐。

（二）合理控制菜肴价格，满足多层次需求

学校食堂是为在校师生提供餐饮服务，其公益性是其显著特征。食堂经营在遵循市场规律的同时，应合理控制菜肴价格，根据需求，设立高、中、低多样价格体系，以中、低为主，适当增加性价比较高品种的供应，以满足不同层次就餐者的需要。同时，要求食堂经营者刻苦钻研烹饪技术，提高菜肴的色、香、味、形等质量，以吸引更多的师生光临，提升用餐满意度。

（三）引入饮食文化，营造舒适的就餐环境

引入饮食文化，改善食堂卫生环境，使就餐者在就餐过程中感到舒适，在一定程度上可以使食堂经营满意度得到提升。

六、结语

作为满足学校师生一日三餐供应的学校食堂，应该注重食品安全意识、提高菜肴质量、保证良好的卫生状况和就餐环境是其今后良好发展的必由之路。

（资料来源：周雅敏，2018. 大学生食堂用餐满意度调查报告[J]. 中小企业管理与科技，6(1): 108-109，有改动.）

分析：这是一篇大学生食堂用餐满意度的调查报告，前面介绍了调查目的、调查对象、调查方式等基本情况，主体部分从用餐频率、消费满意度、菜肴色香味、品种价格、卫生等方面，结合具体调查数据进行分析和阐述，用事实说话，观点和材料统一。

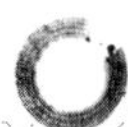

病例分析

××工业园区居民幸福感调查报告

一、居民幸福感总体情况

（一）园区居民自评幸福感总体较强

问卷将幸福感满分定为100分，请被调查者给自己目前的幸福感打分，调查结果见表1。

表1 中新区、乡镇居民幸福感自评情况（1）

区域	91～100分/%	81～90分/%	71～80分/%	61～70分/%	51～60分/%	50分以下/%
中新区	22.9	34.6	23.5	14.7	2.5	1.8
乡镇	17.4	35.5	21.7	15.1	6.5	3.8

从不同居民群体来看，除了“中新区居民幸福感总体上略强于乡镇居民”以外，还可以发现以下特点，见表2。

表2 中新区、乡镇居民幸福感自评情况（2）

区域	性别	91～100分/%	81～90分/%	71～80分/%	61～70分/%	51～60分/%	50分以下/%
中新区	男	19.6	33.3	26.5	17.5	2.1	1
	女	25.4	35.4	21.4	12.8	2.7	2.3
乡镇	男	16.7	31.3	22.5	16.4	7.6	5.5
	女	18.2	39.8	20.7	13.8	5.5	2

1. 女性居民的幸福感强于男性居民。
2. 中老年居民的幸福感强于年轻居民。以中新区为例。（略）
3. 中新区中老年居民的幸福感强于乡镇中老年居民。（略）
4. 居民的学历高低与幸福感强弱并不存在必然联系。从整体来看，自评幸福感80分以上的居民学历层次较为均衡。（略）
5. 家庭月均收入高低与幸福感强弱呈正比关系。以中新区为例。（略）
6. 进入园区居住生活时间越长，幸福感越强。以中新区为例。（略）
7. 社区互识率越高、楼道关系越融洽，幸福感越强。以中新区为例。（略）

（二）居民对园区人的身份认同感仍有待强化（略）

（三）居民对实现幸福园区目标的信心较强（略）

（四）收入增加、身体健康、家庭和谐是园区居民眼中增强幸福感的最主要因素

调查结果显示，中新区和乡镇对于“影响幸福感最主要因素”问题给出的答案完全

一致，排名前三位的分别是收入增加、身体健康、家庭和谐。其中，中新区被调查者选择上述三项的比例分别为37.6%、18.4%、13.4%，乡镇被调查者选择上述三项的比例分别为36%、24.7%、14%。

二、居民满意度总体情况

（一）经济生活方面的满意度

1. 园区居民尤其是乡镇动迁居民对进一步提高经济收入充满期待。这一点从“近年来居民收入变化情况的满意度”调查数据得到印证，见表3。

表3　中新区、乡镇居民近年来收入变化情况的满意度

区域	非常满意/%	比较满意/%	基本满意/%	不太满意/%	很不满意/%
中新区	11.6	33.8	38.7	11.5	4.4
乡镇	2.5	19.70	48.6	22.8	6.4

2. 九成以上的居民对园区良好的就业、创业环境和城乡一体的社会保障制度表示满意。调查数据如下。（略）

3. 三成左右的居民对园区的整体消费环境表示不满意。不满意的焦点主要集中在物价偏高、便捷程度不够、尚不能完全满足不同购买力人群需求等三个方面。调查数据如下。（略）

（二）生存安全方面的满意度（略）

（三）医疗卫生方面的满意度（略）

（四）政府行政服务方面的满意度（略）

（五）文化教育方面的满意度（略）

（六）社区服务方面的满意度（略）

（七）城市环境及基础设施方面的满意度（略）

（资料来源：王敏杰，2012. 应用文写作实训[M]. 镇江：江苏大学出版社，有改动.）

分析：这是一篇社区居民幸福感的调查报告。缺少前言部分，前言部分是概括介绍调查目的、调查对象、调查方式等基本情况的，能让读者快速了解调查的目的、作用和意义。主体部分介绍较为完整，有具体调查数据分析，叙议结合，事实清楚，但是缺少调查引发的启示。

实训提升

一、填空题

1. 调查报告的特点有__________、__________、__________、__________。

2. 按内容分，调查报告有__________、__________、__________。

3. 调查报告结构包括_________、_________、_________、_________、_________。
4. 常见的调查报告的前言有三种写法，即_________、_________、_________。
5. 调查报告的结尾方式主要有_________、_________、_________、_________。

二、判断题

1. 调查报告与公文中的“报告”相同，都是用于下级机关向上级机关汇报工作、反映情况或答复上级机关的询问，供主管领导部门指导工作时参考。（　）
2. 调查报告是对客观事物的如实反映，要以充分确凿的事实为依据，不能道听途说，东拼西凑，更不能歪曲事实。（　）
3. 调查报告回答的是现实生活中迫切需要解决的问题，有较强的时效性。（　）
4.“浙江省农村中学语文教学情况的调查报告”属于单标题。（　）
5. 揭露问题的调查报告的结构为“问题—原因—意见或建议”。（　）

三、写作题

请你对本班同学的课外阅读情况进行调查，并根据调查所掌握的材料，写一篇情况调查报告。

附：高职学生课外阅读情况调查问卷

为了加强××学校学生的文化素质教育，有针对性地进行课外阅读指导，把握高职学生课外阅读现状，了解其课外阅读的兴趣特点，发现其中需要重视的问题，并向广大学生提出指导性建议，现特向您发放此调查问卷，请根据题目要求在您的选项上打“√”。

性别：A. 男　　B. 女

年龄：A. 18岁以下　　B. 18岁及以上

政治面貌：A. 党员　　B. 团员　　C. 群众

你的家乡属于：A. 农村　　B. 集镇　　C. 城市　　D. 郊区

问题：

1. 您有阅读课外书籍的习惯吗？
   A. 有　　B. 没有　　C. 有一点
2. 您喜欢读哪一类书籍？
   A. 武侠小说　　B. 言情小说　　C. 通俗小说　　D. 军事杂志
   E. 政治时事和历史小说　　F. 其他
3. 您目前阅读什么类别的杂志？
   A. 理论学习类　　B. 时事新闻类　　C. 财经类　　D. 文学类
   E. 体育、军事类　　F. 科技类　　G. 旅游类　　H. 娱乐类
   I. 其他

4. 您最喜欢阅读的杂志是:
   A.《读者》 B.《青年文摘》 C.《中国青年》 D.《知音》
   E. 其他
5. 您目前阅读什么类别的书?
   A. 政治理论 B. 哲学 C. 经济学 D. 法律
   E. 计算机 F. 外语 G. 历史 H. 文学艺术
   I. 体育 J. 人物传记 K. 科普知识 L. 励志、成功类
   M. 其他
6. 您喜欢阅读的图书类型是:
   A. 纯文字图书 B. 纯图片图书
   C. 文字与图片混编图书 D. 无所谓
7. 您认真阅读过的中国古典文学作品有:
   A. 古代神话 B.《诗经》 C.《楚辞》 D. 唐诗
   E. 宋词 F.《红楼梦》 G.《三国演义》 H.《西游记》
   I.《水浒传》 J. 其他
8. 您读过几部中国古典名著或外国名著?
   A. 一部 B. 两部 C. 三部 D. 四部以上
9. 您不愿意读中国古典名著或外国名著的原因是:
   A. 读不明白 B. 读着太累 C. 根本就不知道哪些是名著
10. 您阅读课外书籍时，利用什么时间?
    A. 假日 B. 课后 C. 自习课 D. 上课时
11. 您在课余一般会用多长时间阅读课外书籍?
    A. 1 小时 B. 2 小时 C. 3 小时 D. 4 小时以上
12. 阅读课外书籍占用了课余时间，您认为会影响您的学习吗?
    A. 会 B. 不会 C. 有一点
13. 对于高职学生，您认为有必要去阅读中国古典名著、外国名著吗?
    A. 有 B. 没有
    C. 只看老师规定的一些篇目 D. 无所谓
14. 您认为阅读课外书籍会对思想行为有影响吗?
    A. 有 B. 没有 C. 有一点
15. 您认为过多阅读武侠小说会不会导致“为朋友两肋插刀”的事件发生?
    A. 会 B. 不会 C. 不一定
16. 班里同学阅读的课外书主要来自哪里?
    A. 自己买 B. 向别人借 C. 向学校图书馆借

17. 对班里在课余时间从不阅读课外书的同学，您的态度是：
    A. 引导他们看　B. 漠不关心　C. 讨厌
18. 您认为班里在课余时间从不阅读课外书的同学，不阅读的原因是：
    A. 没有良好的读书习惯　B. 学校的藏书太少
    C. 觉得读书太累
19. 如果不阅读课外书，您觉得知识还可以从哪个途径获得？
    A. 电影、电视　B. 网络　C. VCD　D. 录像
20. 课外阅读时，您会做读书笔记吗？
    A. 每次都会　B. 经常做　C. 偶尔做　D. 不做
21. 您会和别人交流课外阅读的感受吗？
    A. 每次都会　B. 经常会　C. 偶尔会　D. 不会
22. 读到让您感动的书籍时，您会写读后感吗？
    A. 每次都会　B. 经常会　C. 偶尔会　D. 不会
23. 您认为如果学校课外阅读风气不好的话，有必要引导同学们开展课外阅读吗？
    A. 有　B. 没有　C. 无所谓

本章要点

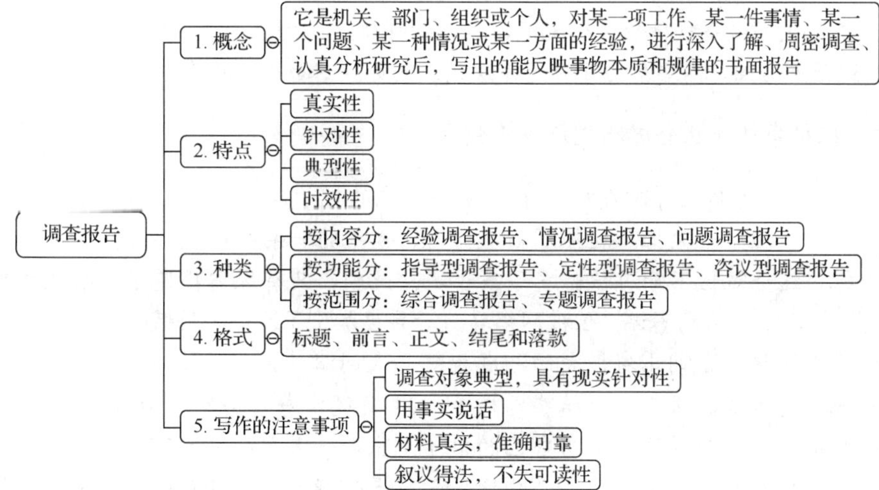

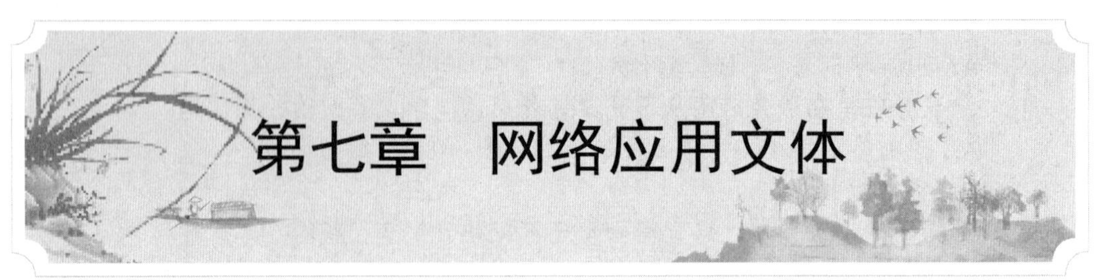

第七章　网络应用文体

学习目标

了解电子邮件、社交软件等文体写作的特点和注意事项。

案例导入

网络谣言害人害己，社会公众勿信勿传

网络为人们的交往、工作及自由表达个人思想提供了理想的平台。自由是网络写作的重要特点，这种自由体现在语言表达、应用、传播、交流、修改等方面。但是这种自由并不是说可以不顾社会道德规范，无视法律法规的约束而随心所欲地发泄个人的情感。网络造谣、传谣，网络暴力等都是违法的。例如，下面几起网络造谣事件就是违法的。

一、“蛆橘事件”让全国柑橘严重滞销

“告诉家人同学朋友暂时别吃橘子，今年广元的橘子在剥了皮后的白须上发现小蛆状的病虫。四川埋了一大批，还撒了石灰。”2008 年的一条短信这样说。从一部手机到另一部手机，这条短信不知道被转发了多少次。此间，又有媒体报道了“某地发现生虫橘子”的新闻，虽然语焉不详，但被网络转载后再度加剧了人们的恐慌。自 2008 年 10 月起，柑橘严重滞销。在湖北省，大约七成柑橘无人问津，损失或达 15 亿元。在北京最大的新发地批发市场，商贩们开始贱卖橘子，21 日还卖每斤 0.8～1 元，次日价格只剩一半。山东济南，有商贩为了证明自己的橘子无虫，一天要吃 6～7 斤“示众”。10 月 21 日，当传言已经严重影响全国大部分地区的橘子销售时，四川省农业厅对此事件首次召开新闻通气会，说明此次柑橘大实蝇疫情仅限旺苍县，全省尚未发现新的疫情点，并且该县蛆果已全部摘除，落果全部深埋处理，疫情已得到很好的控制。

二、地震谣言令山西数百万人街头“避难”

2010 年 2 月 20 日～21 日，关于山西一些地区要发生地震的消息通过短信、网络等

渠道疯狂传播，由于听信“地震”传言，山西省太原、晋中、长治、晋城、吕梁、阳泉六地几十个县市数百万群众2月20日凌晨开始走上街头“躲避地震”，山西地震官网一度瘫痪。21日上午，山西省地震局发出公告辟谣。山西省公安机关立即对谣言来源展开调查，后查明造谣者共5人。35岁的打工者李某某最先将道听途说的消息编写成“你好，二十一号下午六点以前有六级地震注意”的短信息并通过手机发送传播，被晋中市公安局榆次区分局行政拘留7日。一名20岁的在校大学生傅某某在网上看到有关地震的帖文后，便在百度贴吧发布“要命的进来”帖文：“我爸的一个朋友，国家地震观测站的，也是打电话来，说震的概率很大，大约是90%的概率，愿大家好运，这绝对权威”，被行政拘留5日。在太原打工的韩某某出于玩笑，以“10086”名义发送“地震局公告：今晚8时太原要地震，请大家不要传阅，做好预防工作，尽量减少人员伤亡”的信息，被行政拘留10日。在北京打工的张某为了提高网上点击率，先后在百度贴吧等多个网站发布“最新山西地震消息:”“山西2010年2月21日地震消息，据官方报道，山西吕梁地区死亡36人，伤亡人数正在统计中。晋中、太原、大同等地未来72小时可能发生不下30次余震，余震范围包括山西晋中、晋南地区，山东西部，河南北部，大家及时防范”，被行政拘留10日并处罚款500元。24岁的工人朱某某为了起哄，在百度贴吧发帖称“山西太原、左权、晋中、大同、长治地震死亡100万人”，被行政拘留10日并处罚款500元。

三、响水县“爆炸谣言”引发大逃亡，4人遇难

2011年2月10日凌晨2时许，江苏省盐城市响水县有人传言，陈家港化工园区大和化工企业要发生爆炸，导致陈家港、双港等镇区部分不明真相的群众陆续产生恐慌情绪，并离家外出，引发多起车祸，造成4人死亡、多人受伤。响水县公安部门于10日下午4时初步确定并抓获制造谣言的刘某。经查，2月9日晚10时许，刘某给响水生态化工园区新建绿利来化工厂送土的过程中，发现厂区一车间冒热气，在未核实真相的情况下，即打电话告诉其正在打牌的朋友，称绿利来厂区有氯气泄漏，告知快跑。刘某朋友等在场的20余人立即通知各自亲友转移避难。这则谣言的传播链条无形中就此形成。

在传播过程中，绿利来化工厂被置换为园区内另一家企业大和氯碱厂，而事件程度也在人们口耳相传中愈发严重，最终导致了一场万人大逃亡。11日凌晨4时左右，由于下雪天黑路滑，双港镇居委会八组群众10多人乘坐的一辆改制农用车滑入河中，2人当场死亡，另有5人受伤，送至医院后，又有2人抢救无效死亡。当地公安部门得到消息并及时上报后，县委立即召集相关镇区和部门，成立事件处置工作领导小组。截至11日早晨6时左右事态平息，群众陆续返家。2月12日，编造、故意传播虚假恐怖信息的犯罪嫌疑人刘某、殷某被刑事拘留，违法行为人朱某、陈某被行政拘留。

四、“皮革奶粉”谣传重创国产乳制品

2011年2月17日，网络上出现了一篇名为“内地‘皮革奶粉’死灰复燃长期食用

可致癌”的文章。文章说，销声匿迹数年后，内地再现“皮革奶粉”踪影，内地疑有不良商人竟将皮革废料和动物毛发等物质加以水解，再将产生出来的粉状物掺入奶粉中，意图提高奶类的蛋白质含量蒙混过关。

“皮革奶粉”再次被摆到台面上，引起人们对食品安全的担忧。文章一出，立刻引起轩然大波，伊利、蒙牛、三元、光明的股价应声下跌，蒙牛跌幅高达 3.3%。同时，奶制品企业和监管部门的神经也立刻紧绷起来。当晚，农业部（现为农业农村部，下同）在官网上再次声明，2010 年抽检生鲜乳样品 7 406 批次，奶站 4 778 批次，运输车 2 628 批次，三聚氰胺全部符合临时管理限量规定，没有检出皮革水解蛋白等违禁添加物质，生鲜乳质量安全状况总体良好。

农业部奶业管理办公室表示，在三聚氰胺事件后，国内生鲜乳制品安全状况进入了一个非常好的阶段，农业部门会继续加大管理和查处力度，保证生鲜乳制品的安全。

谣言虽然破了，但消费者对我国乳制品的信心遭到重创。

2008 年三聚氰胺事件发生以来，公众对国内乳制品的不信任感居高不下，具备购买能力的消费者一般都会优先选购国外乳制品，内地乳制品企业则在战战兢兢中向前发展。

（资料来源：黄庆畅，张洋，2012. 网络谣言害人害己，社会公众勿信勿传[EB/OL]. http://media.people.com.cn/GB/17659623.html，有改动.）

案例分析：

利用互联网编造、传播谣言的行为严重扰乱社会秩序，影响社会稳定，危害社会诚信，公安机关对此将依法查处。大家在工作、生活中应当自觉遵守法律法规，不信谣、不传谣，发现谣言及时举报，共同维护健康的网络环境和良好的社会秩序。

一、电子邮件的写作

如果踏入职场，想必大多数人都会天天和电子邮件打交道。即使仍处在学生阶段，也有很多事情需要通过电子邮件来进行。例如，发作业给任课老师、与期刊编辑联络、提交项目参赛作品、申请勤助岗位、向 HR 投递简历等。因此，学会撰写电子邮件就显得非常重要。撰写一封得体的电子邮件需要注意以下几点。

（一）对外显示名称或签名

在撰写电子邮件之前，先要做好以下基本设置工作。

1）设置对外显示签名。对外显示签名也就是收件人收到邮件时看到的名字，常用的邮箱建议设置为真名，也可以根据需要写上自己公司、部门等信息。

2）设置邮件签名。邮件签名也就是邮件的落款，其目的是让对方知道发件人是谁，以方便联系。设置好后，新建邮件时就会自动出现在邮件最下方，不需要每次都输入。签名一般应包括姓名、单位、联系方式等基本信息。

（二）主题

电子邮件的主题是对邮件内容的概括，也就是邮件的标题。邮件的主题要简明扼要，突出重点，语言精练。

工作邮件的主题格式一般为“部门+发件人姓名+事件+日期”。如果主题过于简单，像“通知”“行程”这样简单的字样，不打开邮件根本不知道是什么内容。这种邮件很容易淹没在收件箱中，甚至被误放到垃圾箱，后续收件人想检索的时候也基本查无此件。

如果是回复群发的邮件，或者一些申请邮件，应仔细阅读邮件或通知里有没有主题要求，有些收件人会根据关键词设置邮件自动筛选分类，如果没有主题，可能会直接导致邮件无法被正常看到。

（三）正文

首先要写称呼，通常写“尊敬的老师”“尊敬的 HR”之类；其次是正文，正文应当简明扼要，开门见山地说明自己想要表达的重点。行文要流畅，分点分段，有理有据。对于一些重点内容：一是按要点分段；二是可以通过加粗、标红等方式突出，以免收件人遗漏相关信息。

（四）结尾

邮件的结尾处记得加上祝福语，如“祝工作顺利”“祝万事如意”等。如果正好是假期，就可以“祝节日快乐”“祝假期愉快”等。

（五）附件

如果有附件，建议先加上，避免遗漏。尤其要注意附件的命名，避免出现“新建文本文档”“申请书”“简历”等下载后就找不到的文件名。如果对方没有命名要求，那就换位思考一下，收件人需要在文件名中看到哪些信息，如姓名、单位、联系方式、内容之类的要素，但也不要太长，以免文件名被折叠，较长的信息可以用简称。同时，为了收件人的便利，附件大小应尽量压缩。

（六）发送与回复

收件人建议最后填写，主要是为了避免邮件写一半就发出去。

在“收件人”栏里，有“收件人”“抄送”“密送”的字样。抄送功能一般是用于让他人知悉，无须其做出什么回复。密送和抄送的区别在于，其他收件人看不到密送的收件人。密送还有个作用就是“群发单显”（有的邮箱系统没有这个功能），比如以密送方式群发面试通知，候选者看不到彼此的邮箱。

把“回复全部”当作“回复”也是一个常见的失误，于是发件人和所有收件人都会收到你的回复，这种情况在手机端回复出现得更多。

二、社交软件文体的写作

1. 申请好友时，说明来意

你有没有遇到过加别人好友，却不被通过的情况？如果有，可能是因为你的好友申请语不够真诚、用心。加他人为好友时，如果什么都不写，对方并不知道你是谁，有什么事，不通过你的申请也理所当然。

我们在加他人为好友时要有礼貌，并主动提供信息。例如，“我是你的公号关注者，大一学生张海露”；或者说明来意，如“咨询《经济学人》阅读马拉松报名事宜”；如果是某位朋友推荐的朋友，在申请时要说明这一点，如“Eric 你好，我是×××，×××介绍过来的”。

由于申请语字数有限，通过别人申请之后可以再次简单介绍自己和说明来意，并且主动提供一个标签以便对方备注，这样可以显得贴心、专业。

2. 有事说事，别问“在吗”

对于时间很宝贵的人来说，开门见山没什么不好。你可能觉得找别人帮忙，挺不好意思的，想先寒暄两句。事实上，联络感情要靠平时，突然套近乎只会显得更突兀，所以有事直接说就好了。有求于人，也要尊重他人的时间和精力。

3. 不要群发

一般情况下尽可能少用或者不用群发，因为每用一次都是对自己信誉和好感的透支。

一定不要发“微信太卡了，你也清清吧，不用会……”“加微信×××免费领到价值×××的×××”这类信息。如果因为对方是领导、亲戚等，迫于面子不得不转发一些内容时，你可以使用分组功能。

4. 可以使用颜文字或者表情

在聊天过程中可以随时插入表情，如心情快乐 、委屈 、生气 ，表情生动活泼，既能直观的表达自己的感受，也能拉近双方的距离。

5. 尽量不要发语音

发语音时的环境可能并不理想，环境中的噪声会影响语音清晰度，再加上如果你的

普通话不太标准，沟通起来会增加不必要的麻烦。如果对方正在开会不便听语音，沟通的效率也会降低。

如果一定要发语音，可以先礼貌地征求一下对方的意见，询问对方此刻是否方便。如果实在着急的话也可以“先斩后奏”，发过语音后说一句“抱歉啊，我现在不方便打字”，总之让对方觉得你有为他考虑。

6. 理性交流，防误读

在聊天中，文字交流也容易产生误会，以下两点需要注意。

1）尽量不用反问句。例如，“你不是说……吗？”、“难道不是……吗？” 或者“……啊！”（如“我知道啊！”）这样的句式很容易让人误会你在责备、质疑、批评他，所以我们用一般的问句或陈述句就可以了。

2）尽量使用完整句交流，不要一句话分成3～5条发。尤其是在一个群中发言时，尽量做到表述清晰完整，避免刷屏。此时，可以灵活使用标点符号，并在段落间空出一行便于对方阅读。

7. 不制造、传播谣言

随着微信用户数量的急剧增长，其信息传播范围逐渐扩大，影响力不断加强，于是一些人便借助微信平台或朋友圈向公众传播谣言、暴力、恐怖、欺诈、色情等违法违规信息；或者一些不明真相的网友，在面对虚假、违法信息时，因缺乏辨别能力而成为谣言扩散的源头，从而引发突发性舆情危机事件。

因网上造谣的成本低、收益高、风险小，不需要什么确凿的证据，只需子虚乌有地杜撰一些故事就能让人相信，有些网民法律意识淡薄，为了博取名利、寻求刺激，不断挑战道德底线；一部分网站和网络运营企业受利益驱动，失守第一道防线，在客观上为网络造谣违法犯罪活动提供了温床。也有的网民认为谣言并非自己原创，就随意转发；还有的网民，偏爱刺激，对谣言不加甄别、不辨真假、盲目跟风等，都在一定程度上助推了谣言的传播，扩大了谣言的危害。

从法律层面来讲，不论当事人传播的信息是原创还是转发，都需要承担相应的法律责任。

1）民事责任。如果散布的谣言侵犯了公民个人的名誉权，依据我国民法通则的规定，要承担停止侵害、恢复名誉、消除影响、赔礼道歉及赔偿损失的责任。

2）行政责任。《中华人民共和国治安管理处罚法》第二十五条规定："有下列行为之一的，处五日以上十日以下拘留，可以并处五百元以下罚款；情节较轻的，处五日以下拘留或者五百元以下罚款：（一）散布谣言，谎报险情、疫情、警情或者以其他方法故意扰乱公共秩序的；（二）投放虚假的爆炸性、毒害性、放射性、腐蚀性物质或者传染病病原体等危险物质扰乱公共秩序的；（三）扬言实施放火、爆炸、投放危险物质扰乱公共秩序的。"

3）刑事责任。刑法规定，编造爆炸威胁、生化威胁、放射威胁等恐怖信息，或者明知是编造的恐怖信息而故意传播，严重扰乱社会秩序的，处五年以下有期徒刑、拘役或者管制；造成严重后果的，处五年以上有期徒刑。

写法指导

正例分析

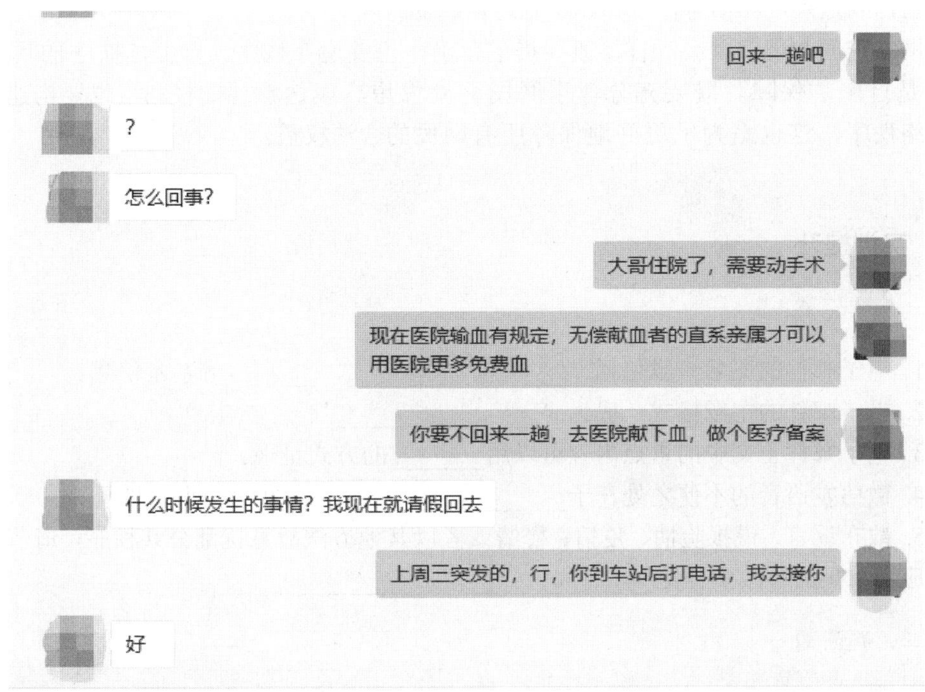

分析：这是一段微信聊天截图，语言简明、叙事扼要。

病例分析

2018年5月20日晚，一位女孩在微博上发布一封遗书，称因父亲欠下高利贷一家人不胜其扰，决定自杀。遗书一经发出，立即引发数万网友的关心、关注，他们想尽一切办法去阻止悲剧发生，后经事发地警方全力救援，一家三口转危为安。

但与此同时，网络世界的舆论也发生了激烈逆转，发布微博的女孩被网民们迅速“深扒”，找到了众多“疑点”，如他们一边欠钱一边生活奢侈；他们对亲戚道德绑架、惦记他们的财产；一家人把遗书发布到微博上，并且透露了详细地址，明显目的不纯……

总之，一切指向了一个结论：他们的自杀是一个骗局、一桩阴谋。于是，谩骂铺天盖地而来，人肉搜索接踵而至，一家三口被推至舆论的风口浪尖。

（资料来源：于学谦，2018.网络暴力何时休[EB/OL]. http://epaper.gmw.cn/wzb/html/2018-06/07/nw.D110000wzb_20180607_1-02.htm，略有改动.）

分析：在网络上的写作是自由的，但不能以自由之名，行暴力之实！网络让人摆脱了现实身份的束缚，成了自由的、任意的虚拟形象，这种虚拟感释放了部分人的放纵欲望，也扩大了他们的存在感。网络成了那些人的保护色，把不敢在现实生活中说出的恶言搬到了网络上，再不怕“祸从口出”，而语言的力量从来都是可怕的。随时随地的言语发泄，制造戾气和愤怒，已超越了表达自由的范畴。

网络空间与现实社会一样，既要提倡自由，也要遵守秩序。自由是秩序的目的，秩序是自由的保障。既要充分尊重网民交流思想、表达意愿的权利，也要构建良好的网络秩序，这也是为了更好地保障所有网民的合法权益。

实训提升

一、填空题

1. 电子邮件的签名一般包括________、________、________等基本信息。
2. 电子邮件的主题格式一般为“______________”。
3. 电子邮件正文中的重点内容可以用_______的方式呈现。
4. 微信发语音的不便之处在于_______、_______。（写出任意两点即可）
5. 散布谣言，谎报险情、疫情、警情或者以其他方法故意扰乱公共秩序，情节较轻的，应当承担的行政责任是______________________________。

二、判断题

1. 电子邮件的主题可有可无，无关紧要。（　　）
2. 用微信跟领导汇报工作时要多用语音，语音时间越长越好。（　　）
3. 电子邮件的抄送功能一般是让他人知悉，但无须其做出什么回复。（　　）
4. 小明在朋友圈看见有人发某地出现疫情的消息，立即分享到自己的朋友圈，这种做法十分正确。（　　）
5. 从事微商的小王每天给微信好友群发广告。（　　）

三、写作题

编写一封给上级汇报工作的电子邮件。

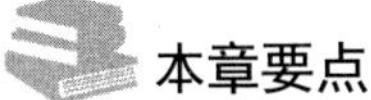

本章要点

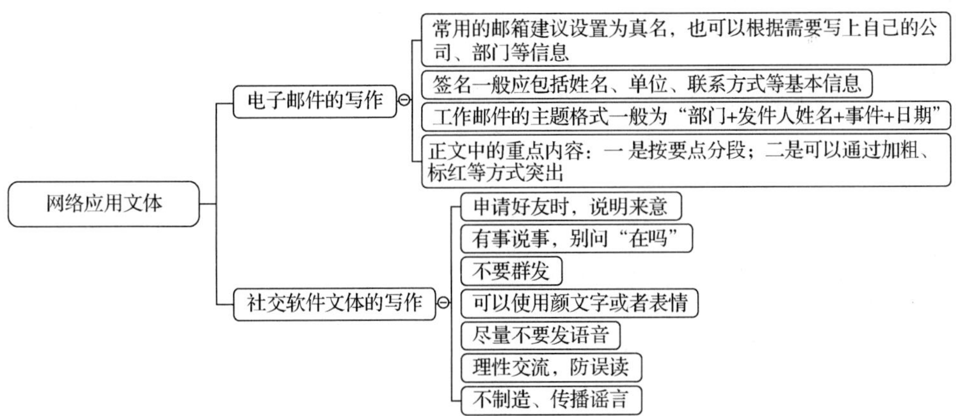
网络应用文体
电子邮件的写作
常用的邮箱建议设置为真名，也可以根据需要写上自己的公司、部门等信息
签名一般应包括姓名、单位、联系方式等基本信息
工作邮件的主题格式一般为“部门+发件人姓名+事件+日期”
正文中的重点内容：一是按要点分段；二是可以通过加粗、标红等方式突出
社交软件文体的写作
申请好友时，说明来意
有事说事，别问“在吗”
不要群发
可以使用颜文字或者表情
尽量不要发语音
理性交流，防误读
不制造、传播谣言

第八章 家 书

学习目标

1. 认识家书。
2. 了解家书的格式和写作要求。
3. 具备家书写作的能力。

案例导入

宁愿玉碎 不愿瓦全——陈觉致妻子赵云霄

云霄我的爱妻:

这是我给你的最后的信了，我即日便要处死了，你已有身孕，不可因我死而过于悲伤。他日无论生男或生女，我的父母会来抚养他的。我的作品以及我的衣物，你可以选择一些给他留作纪念。

你也迟早不免于死，我已请求父亲把我俩合葬。以前我们都不相信有鬼，现在则唯愿有鬼。“在天愿为比翼鸟，在地愿为并蒂莲，夫妻恩爱永，世世缔良缘。”

回忆我俩在苏联求学时，互相切磋，互相勉励，课余时间闲谈琐事，共话桑麻，假期中或滑冰或避暑，或旅行或游历，形影相随。及去年返国后，你路过家门而不入，与我一路南下，共同工作。你在事业上、学业上所给我的帮助，是比任何教师任何同志都要大的，尤其是前年我本已病入膏肓，自度必为异国之鬼，而幸得你的殷勤看护，日夜不离，始得转危为安。那时若死，可说是轻于鸿毛，如今之死，则重于泰山了。

前日父亲来看我时还在设法营救我们，其诚是可感的，但我们宁愿玉碎却不愿瓦全。父母为我们费了多少苦心才使我们成人，尤其是我那慈爱的母亲，我当年是瞒了她出国的。我的妹妹时常写信告诉我，母亲天天为了惦念她在异国的爱儿而流泪，我现在也懊悔此次在家乡工作时竟不去见她老人家一面，到如今已是死生永别了。

前日父亲来时我还活着，而他日来时只能看到他的爱儿的尸体了。我想起了我死后父母的悲伤，我也不觉流泪了。云！谁无父母，谁无儿女，谁无情人！我们正是为了救助全中国人民的父母和妻儿，所以牺牲了自己的一切。我们虽然是死了，但我们的遗志自有未死的同志来完成。大丈夫不成功便成仁，死又何憾！

此祝健康

并问王同志好

觉 手书

一九二八、一〇、一〇

（资料来源：陈觉，2019，宁愿玉碎 不愿瓦全：陈觉致妻子赵云霄，[EB/OL]. http://www.12371.cn/2019/08/09/ARTI1565341480378509.shtml.）

案例点评：

这封家书中饱含着革命志士“宁为玉碎，不为瓦全”的英雄气概和对妻子的一往情深，以及对父母无限的感激和思念。这不仅是一封家书，也是一封遗书，遗书中丝毫看不到烈士对死亡的恐惧，感受到的只有共产党人面对死亡时的从容和对革命必胜的信心！

一、家书的含义

家书是沟通信息、联络感情的书面表达方式，一般指家庭成员之间因异地而居，为表达相互关怀、互通音信的往来书信。家书曾是亲人间遥寄相思、沟通信息的纽带，既不是为了发表，也不是为了展示给他人看，因此家书中的语言诚恳细致，没有假大空，无粉饰之谈。它除了反映至真至切的性情，还蕴含着深刻的时代烙印，比任何传记都更加直接地还原当时的生活情态。语言是思想的直接体现，而文字是记录语言的符号。家书哪怕因岁月的流逝变得字迹不清，哪怕三言两语，断断续续，一张纸片，一枚邮票，也是一段尘封的历史，任何人也无法复制。

自古以来，家书就是家庭成员之间传递信息、表达感情的重要实物载体。20 世纪末，科学技术的迅速发展给人们的生活带来日新月异的变化。固定电话、手机、网络等通信工具逐渐普及，家庭成员之间表达亲情、传递信息的数字化、网络化、多媒体化、虚拟化等特性愈加突显。电话、短信和网络社交媒体（如 QQ、微博、微信等），因其便捷性、即时性、广泛性等特点而更加普遍和频繁地被人们在日常生活中使用。然而，家书这种传统的最简单、最纯朴的通信工具在亲人之间抒情寄意上的作用是电话、短信、网络交流远远不能达到的，尤其是纸质家书。虽是一封简单的书信，但家书在岁月的沉淀中已形成其固有的书写格式和礼仪规范，信中须包含称呼、问候、正文、祝颂、落款、日期几个部分，家书在书写过程中更具仪式感和珍重感。写信时的感怀、寄信时的释怀、收信时的期待、展信时的温暖、读信时的感慨，在一封封家书中体现得淋漓尽致。相比直白的对话，家书字里行间可以触摸到的温度在这个追求效率的快时代，更是一种别样的“慢”的幸福。

拓展阅读

诫子书

夫君子之行，静以修身，俭以养德。非淡泊无以明志，非宁静无以致远。夫学须静也，才须学也，非学无以广才，非志无以成学。淫慢则不能励精，险躁则不能治性。年与时驰，意与日去，遂成枯落，多不接世，悲守穷庐，将复何及！

译文：有道德修养的人，依靠内心安静来修养身心，以俭朴节约财物来培养自己高尚的品德。不恬淡寡欲就不能确立远大志向，不专心致志就不能实现远大理想。学习必须静心专一，才干一定要经过学习，不学习不能增长才干，没有志向不能学有所成。放纵轻浮就不能振奋精神，偏激浮躁就不能陶冶情操。如果让年龄随着时光飞逝，意志随着岁月消失，就会成为年老体衰学识无成的人，大多不能为社会所用，只能悲戚地守住自己贫困的家，到那时再后悔已经来不及了！

这是诸葛亮写给儿子的一封家书。信中，诸葛亮强调了清心寡欲对品德修养的作用，阐述了学习对增长才干的意义，以及远大志向与成就学业的关系。这封简短的家书，不仅是诸葛亮做人、治学的经验之谈，也反映了他高尚的品德和勤勉奋发的精神。

（资料来源：诸葛亮著，罗志霖译注，2011. 诸葛亮文集译注[M]. 成都：四川出版集团巴蜀书社，略有改动.）

二、家书的格式

（一）信文的格式

家书通常由称呼、问候语、正文、祝颂语、署名和日期、附言和附件六部分组成。

1. 称呼

对亲属家人的称呼常直接用关系称呼，如爸爸、岳父、岳母、大哥、二弟、三姐等。对晚辈可直呼其名或爱称、不道姓，有的在名字后面加上“儿”“女”等称呼。因为家书是写给自己亲人的，所以称呼也不必过于严肃，写给爸妈的称呼可写“我亲爱的老爸老妈”“父皇母后”等有生活情趣的昵称。

2. 问候语

问候语在称呼之下，另起一行，空两格。常用的问候语是“你好”“近好”“节日好”等，问候语后面一般用感叹号。

3. 正文

正文是家书的核心内容，因为是写给自己的亲人，因此正文的语言诚恳细致，没有假大空，无粉饰之谈。它除了反映至真至切的性情外，还蕴含着深刻的时代烙印，比任何传记都更加直接地还原当时的生活情态。

正文另起一段空两格。正文是信的核心部分，寄信人向收信人询问、叙述的具体内容都在这里表达。如果写的是回信，首先说明什么时间收到对方来信，以免对方挂念，再询问对方情况或回答对方问题，以表示重视对方。然后谈自己想说的事情，一件事一件事陈述，尽量做到一件事一个自然段，使对方一目了然。

4. 祝颂语

祝颂语是在正文结束后，对收信人表示祝愿或敬意的短语，如“此致敬礼”。在正文结束后另起一行空两格写“此致”(“此”在这里指书信，“致”是给予寄达)，再另起行顶格写“敬礼”。除此之外，还可以写祝福的短语。常用的祝颂语有以下几种。

1）给长辈的祝颂语：此致敬礼；敬祝安好；敬祝健康；敬祝福安；恭祝尊安；恭祝康安（病愈）；恭祝撰安；敬祝教安。

2）给平辈、同仁的祝颂语：此致敬礼；祝工作顺利；祝安好；祝愉快；祝俪安；祝幸福；祝你成功。

3）给晚辈的祝颂语：祝学安；祝进步；祝快乐；望努力学习；望步步高升。

5. 署名和日期

1）署名：写在祝颂语的下一行右边，署名和前面的称呼是对应的。例如，称呼是“爸爸妈妈”时，署名前可加“儿”或“女”。为了表示礼貌，署名后可加敬语。对长辈常用“叩上”“谨上”“谨呈”“顿首”；对平辈常用“手札”：对晚辈常用“手谕”等。

2）日期：在署名的下一行写明写信的年月日，以让收信人知道写信时间。

6. 附言和附件

1）附言。附言是指在信写完之后，尚有未尽之言、遗漏之事告知时，可在信末空白处补上，常用“又言”“又及”“再者”等词语过渡。

2）附件。附件是指随信所附材料，如“附上近照 3 张”等。附言和附件亦可不写。

（二）信封的写法

信封上的内容由收信人地址、收信人姓名、寄信人地址、寄信人姓名，收、寄信人的邮政编码组成。

1. 收信人的地址

要写清楚收信人所在地的详细地址。

2. 收信人的姓名

写在收信人地址下一行的中间，字迹可略大一些。姓名后空两格可写上称呼如“先生”“女士”等字样，也可不写，最后写“收”“启”“亲收”“亲启”等字样，这是要求收信人如何收信和如何打开信封的动作状态用词。“收”是指可由他人代收；“亲收”则要求收信人亲自收启；“启”是拆信时可由他人代拆或代念；“亲启”要求收信人亲自收信亲自拆阅。

3. 寄信人的地址

要写清楚寄信人所在地的详细地址。

4. 寄信人的姓名

寄信人的姓名可让收信人知道来信者是谁，以及在信件无法投递时可将信件退回原地。

5. 收、寄信人的邮政编码

要在信封的左上角填写收信人所在地的邮政编码，右下角写寄信人所在地的邮政编码，如图 8-1 所示。

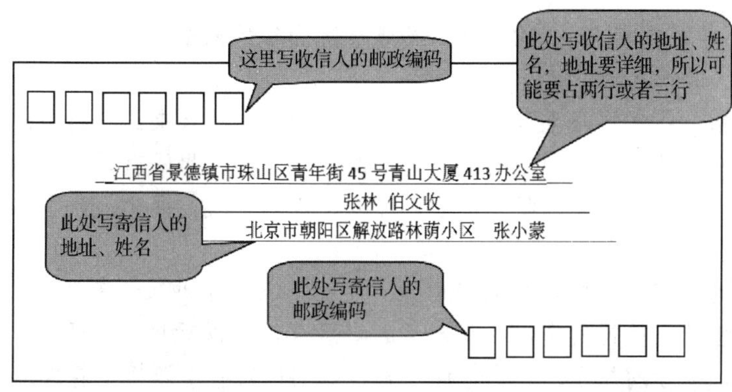

图 8-1 信封示例

三、家书内容的写作要求

1）称呼得当。

2）事明情真。家书是写给家人的，所以感情一定要真挚。家书是家庭成员之间相互沟通、抒情寄意的私人信件，因私人信件内容属于公民的隐私，受到法律保护，家书具有私密性的特征，通常只在寄信人与收信人之间流通。因此，在信件内容相对保密的前提下家书更具真实性，不仅在于其中传递信息的真实性，更在于其表达情感的真实性，家书是家庭成员之间抒发内心真实情感的理想环境和载体。例如，《梁启超家书》是我国传统家书文化的经典作品，梁启超对子女的爱护和教育在写给子女的300余封家书中得以深刻体现。“汝必须顺承我意，若因欲速以致病是大不孝也。汝须知汝乃吾之命根，吾断不许汝病也。”意思是“你一定要按照我的意思做（注意身体，多运动，不要生病），如果只想着赶快完成学业，以致身体生了大病那就是不孝，你要知道你是我的命根子，我决不允许你生病的。”在写给大女儿梁思顺的这封家书中，梁启超对女儿的关切溢于言表。通过一封封家书的展示，一位慈爱父亲的形象跃然纸上。

3）忌用红笔。按传统习惯，用红笔写信寓意绝交，所以写信只能用蓝色、黑色钢笔或碳素笔书写。

写法指导

正例分析

最深情家书——“海空卫士”王伟写给妻子的信

王伟，中国海军航空兵飞行员。2001年4月1日，他驾驶的歼-8II战斗机在中国海南岛东南70海里的中国专属经济区上空执行任务时不幸牺牲，被追认为“海空卫士”。

这封信是 1991 年，时年 23 岁的王伟写给妻子阮国琴的家书。

琴琴妹妹：

要是在以前，我也许会生气的。一个多月来，你竟然只来了一封信！我把你当作小妹妹了，而你不会像以前那样生气。我会依然给你写信，想写就写，一有空就写，一有话就写。只是当我们见面时，我一定会罚你的，罚你唱歌，每少一封信你就须唱一首歌给我听。否则，哼！

昨日我飞高空特技，爬到了 12 000 米，半扣下来作俯冲，一直俯冲到了 5 000 米拉起。忽然间，座舱里静得发奇，连我自己的心跳声都难以听见——琴琴，我超音了！M 速超过了“1”，声音消失了。这是怎样一种奇妙啊！只有空调机里轻轻地飘出一两点雪花，只有升降速度表在打转，只有云儿在急速地向下跑去。然而，一切都是静静的……高度在上升，M 数在保持了 40 秒后又减了下来。“轰”的一声，我又听到了发动机的隆隆声，又回到了凡间……

现在我飞的是歼六，属于重型战斗机，威力相当巨大，每当我走近并走上这飞机，心中总会有一种非常的自豪感！——是的，琴琴，我的理想，我的梦已经实现了！成功原来已经每夜都压在我的枕头底下了——我是幸福的！

当然，更幸福的是我拥有了你，拥有了你的心！琴琴，爱你，直到永远永远！

此刻的满腹柔情，你理解吗？人生之旅上，我们都只短短走了 23 年。可我们，却是那样幸运那样精确地找到了知音。琴琴，我相信你懂我的心，懂我此刻的满腹柔情……吻别！

Your wei

1991 年 9 月 1 日

（资料来源：高岭，2015. 应用文写作[M]. 北京：化学工业出版社.）

分析：英雄王伟写给妻子的家书，字字铁骨柔情。信中，王伟对爱人的思念表白，浪漫而深情；对保家卫国的飞行事业和梦想，热血激昂，读后无不为之动容。

病例分析

给父母的信

你们好：

近来家中的情况都好吗？二老的身体怎么样？小弟小妹学习刻苦吗？他们一定还是那么调皮好动吧？由于近段时间，我正准备参加市里组织的数学竞赛，时间紧，未给二老写信，请原谅我。

今年的×月×日，是父亲的六十岁寿辰，很遗憾，我不能回家庆贺了。不过，我一定会在学校默默祝福的，我不会忘记父亲的教导和养育之恩。爸爸，生日快乐！请接受儿子在这里的真诚祝福。

爸妈，还有一件事情要告诉你们，今年的春节我不回去了。原因是：我是班上的学习委员，学校决定派我到北京实习，返校后，于正月十六参加数学竞赛，为了不辜负老师们的厚望，我不得不舍弃今年回家过春节的机会了。好男儿志在四方，我一定用优异的成绩来向爸爸妈妈报喜！就写到这里。

恭祝

春安！

儿：××谨上

××××年××月××日

（资料来源：刘文琦，宋东东，2016. 现代应用文教程[M]. 上海：立信会计出版社，有改动.）

分析：这是一封写给父母的家书，从格式上讲比较完整，有问候语、正文、祝颂语、署名和日期。但是开头部分称呼不完整，如“亲爱的爸爸妈妈你们好”，正文部分没有介绍自己最近的学习、生活情况。对父母来讲，最牵挂的是孩子在外面身体是否健康，学习、工作、生活是否顺利，所以给父母写信的时候要着重介绍自己最近的情况，免得让父母担心。

实训提升

一、填空题

1. 家书通常由__________、__________、__________、__________、__________、__________六部分组成。

2. 给长辈的祝颂语有__________、__________、__________。

3. 给晚辈的祝颂语有__________、__________、__________。

4. 信封上的内容由__________、__________、__________、__________、__________五部分组成。

5. 收信人的邮政编码写在信封的__________，寄信人的邮政编码写在信封的__________。

二、判断题

1. 现代科技非常发达，随时可以用手机和家人保持联系，没必要写家书。（　　）

2. 正文是家书的核心内容，是写给自己亲人的，语言要诚恳细致，反映至真至切的性情。（　　）

3. 祝颂语是对收信人表示祝愿或敬意的短语，如“此致敬礼”。（　　）

4. 信封上要写清楚收信人所在地的详细地址。（　　）

5.“亲启”要求收信人亲自收信亲自拆阅。 (   )

三、写作题

在外工作了这么长时间，请给父母写一封信，汇报你最近的工作和生活情况。

本章要点

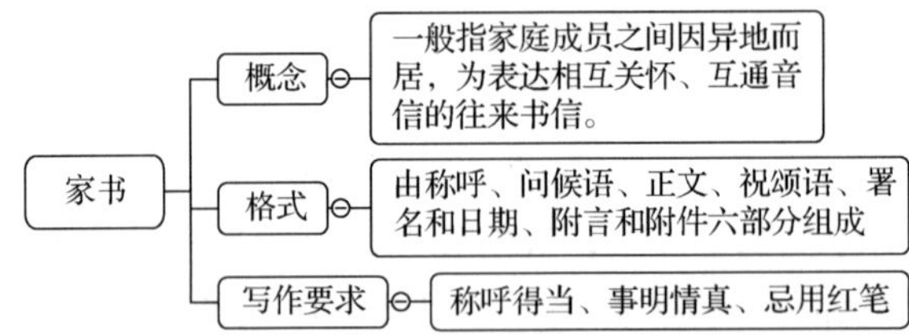

第九章　个人简历及求职信

学习目标

1. 初步认识个人简历。
2. 了解个人简历的特点、格式及写作要求。
3. 初步认识求职信。
4. 了解求职信的特点、格式及写作要求。
5. 初步具备个人简历和求职信的写作能力。

案例导入

培训师个人简历

×××，男，1964 年 8 月 9 日出生，××大学教授，主要培训公文写作与处理、应用文写作、秘书学、秘书写作等课程。

一、主要学历

1982 年 9 月～1986 年 7 月，在××师范大学中文系就读，获文学学士学位。

1986 年 9 月～1989 年 7 月，在××大学文学院就读，获古代文学硕士研究生毕业证书，获文学硕士学位。

二、培训经历

1）2008 年为××市人民政府培训公务文书写作。
2）2009 年为××市××区财政系统培训公务文书和简报写作。
3）2010 年为××客运服务公司培训调研工作和调研报告写作。
4）2011 年为××市财政局培训财政信息写作。
5）2012 年为××市××区科技园培训商务文书写作。

三、培训特点

培训工作能针对学员特点，精心设计培训教学内容和教学方法，灵活运用案例讨论、实例演练、情景模拟、文章互评的教学方法，注重教、学、做合一，切实培养学员的学习能力。在培训过程中，能以自身敬业的工作作风、严谨的治学态度、科学的思维方法影响和教育学员，由此增强了培训师的人格感染力，培训效果显著。

联系电话：138××××××××　电子邮箱：××××××@sina.com

个人简历

姓名	×××	性别	女	出生年月日	1993年9月19日	照片
籍贯	江苏省××市	民族	汉	身体状况	健康	
政治面貌	党员	身高	165cm	求职意向	文员、行政助理	
毕业院校	××职业学院	学历	专科			
所学专业	文秘	身份证号	××××××××××××××××××			
毕业时间	2016年6月	联系电话	××××-××××××××			
家庭住址	江苏省××市××区	邮政编码	××××××			
		E-mail	×××××××××@qq.com			
主修课程	秘书事务、办公自动化、应用文写作、秘书专业英语、现代礼仪、沟通技巧					
实践经历	2014年7～8月，在××公司实习，从事文员工作。 2014年11月，在××公司实习，从事销售工作。 2015年7～8月，在××文印店兼职，从事打字、文印等工作。					
专业技能	1. 英语：通过全国大学英语四级考试，具有良好的听、说、读、写能力。 2. 计算机：通过全国计算机一级考试，能够熟练操作常用办公软件。 3. 秘书礼仪：熟练掌握礼仪规范，并多次在学校参加礼仪服务活动。 4. 应用文写作：熟练写作各种应用文，曾在学校杂志《文苑》发表5篇文章。					
获奖情况	2012年度被评为系优秀学生干部。 2013年度获得学校二等奖奖学金。 2013年度参加学校秘书职业技能大赛，评为十佳秘书。					
自我评价	本人熟练掌握从事文员、行政助理岗位的工作技能，工作细致，时间观念强，工作执行能力强，工作效率高，有强烈的责任感，注重团队合作，擅长人际交流，具有较强的沟通和组织管理能力。					

（资料来源：夏晓明，2012. 应用文写作[M]. 上海：复旦大学出版社，略有改动.）

案例点评：

以上两份个人简历一份采用条文式，重点介绍自己的培训工作经历，这是有针对性的应聘培训师的个人简历；一份采用表格式，围绕所学专业展示自己的学习、实践经历和技能特长，是应届毕业生求职的简历。要写一份出色的个人简历应注意以下几个方面。

1）内容真实。个人简历要如实介绍自己的经历，实事求是，不写空话套话。如第二份个人简历写自己的实践经历时，写清楚自己什么时间在什么单位从事何种工作。不

能笼统地写“我曾经在某单位参加过实习”，因为用人单位需要了解应聘者具体有哪方面的工作经历。

2）突出重点。个人简历要根据不同岗位的特点，重点介绍与岗位要求相对应的技能特长，突出自己的竞争优势，如第一份个人简历突出了自己的培训内容、培训经历和培训特点。

3）语言凝练。个人简历的语言要简短、准确、规范、新颖，篇幅不宜过长，冗长的个人简历会使招聘者失去阅读兴趣。两篇例文层次清楚，言简意赅，表达流畅。

一、个人简历的内涵

个人简历就是对个人学历、经历、特长、爱好及其他有关情况所作的简明扼要的书面介绍。个人简历是有针对性的自我介绍的一种规范化、逻辑化的书面表达。对应聘者来说，个人简历是求职者的“敲门砖”。

个人简历是用于应聘的书面交流材料，是求职者给招聘单位发的一份简要介绍。成功的个人简历就是一件营销武器，它向未来的雇主证明自己能够解决他的问题或者满足他的特定需要，是面试成功的保障。

二、个人简历的特点

1. 实事求是

真实是个人简历最基本的要求，诚实的记录和描述能够使阅读者产生信任感。一些学生为了达到较好的包装效果，故意遗漏或捏造某一段经历，造成履历不连贯或夸大其词、弄虚作假，很容易被阅历丰富的人事主管识破，给人留下不好的印象。费尽心机修饰与事实不符的简历，经不起面试的考验。行文中所表现出的语气要遵循诚恳、自信、礼貌的原则。陈述时，既不妄自尊大也不妄自菲薄，既要客观评价自己的优势又避免夸夸其谈，客观陈述自己的真实情况反而更能赢得好感。

2. 自我推销

个人简历的作用是推销自己、展现自己，个人具有什么特长，尽量在简历中表现出来，让用人单位发现求职者的价值。切忌过于谦卑，不好意思向别人陈述自己的优点和成绩。如果求职者不说清楚自己能干什么，那又有谁会知道你是一个有用的人才呢？所以，在简历中，求职者不仅要列举自己所做过的工作，更应该强调能胜任某项工作的技能以及个人所取得的成就和证书。

3. 扬长避短

个人简历中的内容，应实事求是，决不能虚构。但这并不是说，求职者在简历中要把自己所有的事情都写上去。个人简历的主要作用是让用人单位了解求职者能够胜任某项工作的技能，所以，与之无关的对自己不利的内容完全可以不写。

4. 人—职匹配

个人简历从某种角度来看就是一篇论述性文章，其中心论点是你是应聘岗位的最佳人选，而简历中的所有信息都是证据。所以，写简历时要分析目标企业的职位要求，巧妙突出自己的优势，给用人单位留下鲜明深刻的印象。通常，个人简历中的求职意向、教育背景及学历、专业、外语水平、计算机水平、实践经历、实习经历、特长、爱好、自我评价、其他重要或特殊信息等都是证明自己人—职匹配的关键信息。

5. 简洁凝练

招聘人员每天要面对大量的求职简历，在阅读和筛选简历时，平均每份简历所用的时间不超过 3 分钟。对于应届毕业生的简历，衡量的标准是言简意赅、简练流畅、一目了然。在撰写个人简历前，应根据不同的单位、职位和要求进行必要的分析，突出重点、有针对性地设计个人简历。

6. 美观规范

个人简历作为实用型文体，其行文要准确、规范，句式以短句为好，文风要平实、稳重，以叙述、说明为主，不可动辄引经据典、抒情议论。不要使用拗口的语句和生僻的字词，更不要有病句、错别字。好的个人简历，版面设计也是一个非常重要的因素，是真正的“第一印象”。其基本要求是条理清晰、标识明显、段落不要过长、字体大小适中，版面端庄美观、疏密得当。不要为了节省纸张而排得密集局促，令人看得吃力；也不要出现某一页纸上只有几行字，留下大片空白。

三、个人简历的格式及写法

（一）格式

一般来说，个人简历的格式由以下几个部分组成：个人基本信息、求职意向、教育背景和荣誉、工作经验和社会实践、培训经历、自我评价等。

（二）各部分的写法

1. 个人基本信息

个人基本信息的主要作用是方便招聘者知道应聘者的基本必要信息。个人信息的内容要简单、直观、清晰，主要包括姓名、联系方式（手机、固定电话、电子邮箱、邮寄地址）、性别、年龄、政治面貌、籍贯、民族、照片等。

通常情况下，个人简历上要贴上自己的照片，建议采用一寸的标准证件照（如果应聘的是艺术或者策划类的岗位，可以针对企业的文化选择采用自己有特色的生活照）。照片贴放的位置一般是在简历的右上角，个人信息的右侧。

2. 求职意向

求职意向必须写清楚。很多公司会同时招聘很多职位，对于没有写清楚申请职位和职位编号的简历，招聘人员是无法进行职位分类的。因此，这类简历很有可能在第一时间被筛掉。

3. 教育背景和荣誉

这部分主要写与你求职目标有关的专业，最好是有关的在班级中做过的最成功例子（如团队或个人项目），以及其他重要的事实（如荣誉、奖励、证书、成就等）。

4. 工作经验和社会实践

你的工作经验和社会实践是所有企业都关注的内容。这一项写得好与不好，直接决定他们是否有兴趣把简历的其余部分读下去。

（1）回顾与职位相关的实践经历

仔细思考，罗列出以往所有的短期实践经历。记住，哪怕做过一天的社会实践，只要和申请的职位有关系，也要把它写下来，这可以成为丰富你简历的良好素材。

（2）细致描述社会实践活动

这是撰写工作经历的重点与核心，要把参加的社会实践活动用 1、2、3、4 条罗列出来，这是非常必要的。

（3）用专业术语和数字描述

同一件事情，用不同的方式表达，可能产生的效果相差很大。在保证真实的情况下，我们可以尽可能的用专业化的语言来表达，这样也从另一个方面反映了你的专业素质。例如，原来从事“秘书”工作，可以表达为“助理”；“传单发放”可以表达为“传播产品信息”；等等。同时，数字的使用会让简历变得更具有说服力，远远比写“很多”“大量”等含糊语言的简历更能吸引招聘主管。

5. 培训经历

求职者可以把自己在业余时间学习的与职位有关的课程写上去，但要遵循的原则还是你的培训经历必须与所申请的职位相关，没有针对性的话毫无用处。

6. 自我评价

自我评价要符合职位要求，求职意向跟所应聘的职位是一致的。尽量用简短的话说清楚，不要自我主观发挥，更不要写成抒情散文，如“我经过”“我觉得”“通过什么……我学到了……”等这些学生腔。最好按顺序用 1、2、3、4……列出自己的优点和技能。

四、个人简历的写作技巧

（一）劣势分析和应对策略

应届毕业生由于缺少工作经验，是职场上的弱势群体，有的学生想在简历中做一些虚假的修饰。例如，没有当过学生会干部的却写上“担任过学生会主席”，这种做法是非常不可取的。明智的做法是认清自己的优势，正确对待不足或劣势，对简历进行科学取舍、突出重点、合理扬弃，这样既可使简历更有吸引力，又不失简历的真实性。

劣势一：初出校门，缺乏工作经验。

雇主喜欢工作经验丰富的人。很多应届毕业生在求职过程中屡次遭受挫折后抱怨：许多企业在招人的时候要求有工作经验，而企业不给我们工作的机会，我们又怎么会有工作经验呢？

应对策略：

首先，刚出校门的毕业生应尽力扬长避短，重点强调自己最近几年所受的教育和培训的情况，包括那些与应聘工作最有直接关系的特别课程或活动。

其次，实习的经历要作为相应的工作经验写进简历中。因为这期间的工作性质和内容与许多岗位工作相似，实习者经常是自主完成多项任务的，可以在这段经历中展现自己取得了哪些收获或成绩，最好用具体的数据来进行说明。

最后，列出你已掌握的跟你所应聘的工作有直接关联的知识或技能。你用这些知识或技能进行了哪些实践活动，取得了哪些成绩。这可以让人事主管看出你的人才价值和可培养的潜力。

劣势二：学历或学位问题。

大学本科毕业生是受过高等教育的专业人才，相对没有受过高等教育的人来说具有学历上的优势；而相对于研究生来说，其学历又显得层次较低。

应对策略：

一是更加明确就业的方向。一般而言，高校所设立的各个专业都是应用性很强的专业，因此要明确哪些地区、什么样的单位更需要自己这个专业的人才。如果更加明确就业的方向，则学历或学位问题就不是最重要的影响因素了。

二是专业和职业更加匹配。重新审视所学专业的培养目标是什么，有哪些适合的职业种类，要有明确的目标性，有目的地来撰写简历，以增加求职时的竞争力，而不是盲目地追逐热门却不适合自己的职业。

三是突出个性品质和才能。企业在招聘时，要寻找的往往不是最优秀的，而是最合适的。简历中要根据所应聘的职位如实描述自己的个性品质，一一列举与之相关的各种才能、才艺，让人事主管通过你的简历，看出你可能就是该岗位的合适人选。

（二）个性化简历创新之道

在各种简历模板的约束下，许多简历失去了个性，被招聘人员扔进了垃圾筐。只有个性突出、特征鲜明的简历，才更容易吸引招聘主管的眼球。

创新方法一：为目标企业量身定做。

认真分析所应聘企业的情况，研究招聘主管的心理愿望，再结合自己的情况写简历。在你的简历中出现招聘主管最想看到的几个要素，是最容易打动人心的个性化简历。例如，小王想应聘到某图书公司工作，他把自己的简历按公司图书的样式来制作，封面展示的是该企业的LOGO、企业名称、企业主导色等。当招聘主管看到简历上的这些元素时，立刻产生情感共鸣，在很大程度上加深了对简历主人的认同感，希望能够见到这位应聘者，并进行面谈，自然小王的简历就不会被随手扔在简历堆里。有了招聘主管对简历的认同，也就增加了求职成功的概率。

创新方法二：结合应聘岗位来创意。

简历从求职者应聘岗位需要的职业技能和职业修养的角度进行创新。例如，小李想应聘某公司的网站设计工作，他仔细了解该公司和该职位的要求后，发现公司正在对原网站进行改版。他利用自己所掌握的专业知识，提出了网站改版的思路，并精心设计了网页。当招聘人员看到这样的简历时，很快判断出小李具备所应聘岗位要求的能力、水平和职业意识，马上打电话通知他前来面试。

创新方法三：从所学的专业上创新。

各个专业有其专业特点和专业语言，从专业的角度出发进行求职简历创新，可以通过简历体现专业素养。例如，小张是会计专业毕业的，在应聘某公司财务人员时，他把求职简历做成了一份会计报表。会计报表是会计人员体现专业技能的主要形式，能表现出极好的专业意识和专业素养。对于招聘主管而言，看到这样的简历，首先不会怀疑小张的专业能力和修养，其次面对每天千篇一律的求职简历，突然看到这样一份耳目一新的简历，马上约见就不足为奇了。

个人简历是一个传递信息的工具，其目的就是为了获得面试的机会。创新并不是一件困难的事情，但简历创新要把握好方向，不能偏离目标，更不能离谱得使人难以接受。因此，能够有效帮助求职者获得面试机会的简历才是成功的简历。

拓展阅读

招聘人员是这样看简历的

简历看多了之后，招聘人员对简历的情况会非常了解，粗略地说，他们看简历分以下几步。

第一步，一眼扫过去，那些完全不靠谱的简历基本上几秒就被筛选了，根本不会细看。这类完全不靠谱的简历一般有以下共性。

1）照片不规范的，如浓妆艳抹的，各种浮夸自拍的，等等。

2）简历只言片语几十个字的。

3）自我评价都是豪言壮语，不是实事求是，没有实在内容的。

4）如果招聘的岗位有硬性要求，如学历、行业经验，不符合要求的简历就直接筛掉了。

5）对于简历较多的非核心基层岗位，期望薪酬写面议的也直接筛掉了。

第二步，仔细看整体内容，一般包括：

1）基础信息：性别，有时根据岗位和团队现有情况会有倾向性；学历，是否与要求相符。

2）工作经验：例如，有没有行业经验，有没有同岗位经验，有几段工作经历，等等。

如果第二步看完，还觉得不错，你就成功地吸引了招聘人员的注意。接下来招聘人员会花时间细看这些简历，以决定是否邀请他们进入面试环节。

接下来第三步：

1）进一步查看基础信息，每一个点都会看。

2）细看工作经历、学业背景等，再看做过哪些事、有哪些工作成果等。

3）文字表达的方式。根据简历语言表达的方式去感受和推测这个人的思维方式、表达方式甚至是处事方式。对于那些逻辑性差的简历，也会直接给差评。

对于确定要邀请面试的简历，会把那些需要确认或验证的点画出来，在面试的时候旁敲侧击或者直接发问。

（资料来源：左志富，2017. 大学生职业发展与就业指导训练教程[M]. 北京：现代教育出版社，有改动.）

五、求职信的内涵

求职信是一种介绍性的、自我推荐性的信件，它通过表述求职意向和自身能力，来引起招聘单位的重视。一份好的求职信可以向招聘单位说明你的才能。一般来说，多数用人单位都会要求求职者先寄送求职材料，他们通过求职材料对求职者有一个大致的了解，然后决定面试人选。因此，一份好的求职信，对毕业生的求职有着重要的作用。

求职信作为新的日常应用类文体，使用频率极高，其重要作用愈加明显。求职信与普通的信函没有多少区别，但它与普通的信函又有所不同。求职信所给的对象一般是招聘单位主管招聘的人员，求职信的内容并不是联络感情或请示之类，而是通过文字推荐自我，争取面试机会和工作机会。

六、求职信的特点

1. 针对性

针对性是指求职信要针对求职单位的实际情况、读信人的心理和个人求职目标来写。

2. 自荐性

自荐性是指在求职信中要恰当地推销自己。求职信是沟通求职者与用人单位的媒介，在相互不熟悉、不了解的情况下，求职者要善于推介自己，并恰如其分地表现自己，用自己的成绩、特长、优势、个性、自身的“闪光点”等吸引对方，使对方在未曾谋面的情况下，产生值得一试的感觉。

3. 独特性

独特性是指求职信的内容和形式上的独特。求职就是竞争，要想在竞争中取胜，必定要出类拔萃，不同一般。这一点要在求职信中充分体现。

七、求职信的书写格式

求职信一般由标题、称谓、正文、结尾、署名、日期、附件等部分组成，如图 9-1 所示。

求 职 信

尊敬的公司领导：您好!

万分感谢您在百忙之中抽时间来阅读我的求职信。

我参加工作两年了，在工作、生活等方面都有了较为清晰的认识，特别是对工作有了更加深刻的认识，主要包括以下几点：

一、责任心。在如此残酷的竞争环境中，我们的责任心为我们支撑起了家庭和社会的重担，所以我今天要有足够的责任来担当一份工作。

二、爱心。爱心是责任心的延伸，我们要用爱心去做事情，做自己的事业，当我们每个人都充满了爱心去做事情的时候，一切都是美好的。

三、信心。信心是做好每件工作的源泉，只要我们有了信心就会敢于去尝试，同时它也能发挥我们的潜能，为自己的事业奉献出自己最大的力量。

四、包容心。包容心能为企业搭建和谐的工作环境，也使自己离人生的理想越来越近，因此，我们需要包容、理解，需要和大家和睦相处。

五、事业心。事业心是我们成就自己的平台，如果我们没有事业心，就会在无数个彷徨的日子里虚度光阴。

六、坚持，坚韧。在社会生活中，规划好、管理好、执行好自己的目标计划，需要我们有坚持的毅力、坚韧的性格品质，这样才能走得更远、飞得更高。

工作、劳动、实现价值，是我眼前需要解决的问题，感谢您的认真阅读!

求职人：***

****年**月**日

图 9-1　求职信示例

1. 标题

求职信的标题通常只有文种名称，即在第一行中间写上“求职信”三个字。

2. 称谓

称谓是对受信人的称呼，写在第一行，要顶格写受信者单位名称或个人姓名。单位名称后可加“负责同志”；个人姓名后可加“先生”“女士”“同志”等，在称谓后写冒号。求职信不同于一般私人书信，受信人未曾见过面，所以称谓要恰当，郑重其事。如果你知道招聘者的信息，可以直接写上招聘者的姓氏加上头衔；如果你不认识招聘公司的任何人，求职信最好写上“×××单位”较妥。

3. 正文

正文要另起一行，空两格开始写求职信的内容。正文内容较多，要分段写。

1）写求职的原因。首先，简要介绍求职者的基本情况，如姓名、年龄、性别等。其次，要直截了当地说明从何渠道得到有关信息及写此信的目的。例如，“我叫李民，现年 22 岁，男，是一名财会专业的大学本科毕业生。从报纸上我看到贵公司招聘一名专职会计人员的消息，不胜喜悦，以本人的水平和能力，我不揣冒昧地毛遂自荐，相信贵公司定会慧眼识人，会使我有幸成为贵公司的一名会计人员。”这段是正文的开端，也是求职信的开始，介绍有关情况要简明扼要，对所求的职位，态度要明朗。而且要吸引受信者有兴趣将你的信读下去，因此开头要有吸引力。

2）写对所谋求的职位的看法，并对自己的能力做出客观公正的评价，这是求职的关键。要着重介绍自己应聘的有利条件，特别突出自己的优势和“闪光点”，以使对方信服。例如，“我于 2015 年 6 月毕业于某音乐学校舞蹈专业，成绩优秀；在省级舞蹈大奖赛中获得嘉奖，舞台经验丰富。我在有关报道中看到关于贵公司的情况介绍，我喜欢贵公司的平台环境，钦佩贵公司的敬业精神，又很赞赏贵公司在经营、管理上的一整套切实可行的规章制度。我十分愿意到这样的环境中锻炼自己、展示自己；更愿意为贵公司贡献我的能力和想法。我相信，经过努力，我一定会为公司创造出更多的价值”。写这段内容，语言要中肯，恰到好处；态度要谦虚诚恳，不卑不亢，达到见字如人的效果。要给受信者留下深刻印象，进而相信求职者有能力胜任此项工作。

3）提出希望和要求，即向受信者提出希望和要求。例如，“希望您能为我安排一个与您见面的机会”或“盼望您的答复”或“敬候佳音”之类的语言。这段属于信的内容的收尾阶段，要适可而止，不要啰唆，不要苛求对方。

4. 结尾

结尾部分应另起一行，空两格，写表示敬祝的话，如“此致”，然后换行顶格写“敬礼”，或“祝工作顺利”“祝事业发达”等词语。这两行均不加标点符号，不必过多寒暄，以免“画蛇添足”。

5. 署名和日期

写信人的姓名和成文日期应写在信的右下方。姓名写在上面，成文日期写在姓名下面。姓名前面不必加任何谦称的限定语，以免有阿谀之感，或让对方轻看你的能力。成文日期要年、月、日俱全。

6. 附件

有说服力的附件是对求职者经历鉴定的凭证，所以求职信的附件是不可忽视的组成部分。附件可在信的结尾处注明，如附件：1.×××××× 2.×××××× 3.××××××……然后将附件的复印件单独订在一起随信寄出。附件不需太多，但必须有分量，足以证明你的才华和能力。

八、求职信的写作注意事项

一封效果良好的求职信必须有完整的内容结构，撰写人还要掌握一定的写作规则。一般来说，求职信的撰写规则主要有以下几条。

1. 量体裁衣，度身定做

面对不同的招聘单位和具体职位，求职信在内容侧重点上要有所不同，必须有明确的针对性。求职信不能像简历那样“千篇一律”，否则容易被有经验的招聘人员识破并弃置一旁。

2. 突出主题，引人入胜

求职信一般只有几秒钟的时间吸引招聘者继续看下去。在求职信中要重点突出求职者的背景材料中与未来雇主最有关系的内容。通常招聘人员对与其企业有关的信息最为敏感，因此要把自己与企业或职位之间最重要的信息表达清楚。

3. 言简意赅，避免冗长

求职信最好不要超过一页，除非招聘人员索要进一步的详细信息；而且内容要短小

精悍，避免空泛和啰唆。因为招聘人员的工作量很大，时间宝贵，求职信过长会使其效率大大降低。

4. 语句通顺，文字规范

一封好的求职信不仅能体现求职者清晰的思路和良好的语言表达能力，还能考察其性格特征和职业化程度。所以，一定要注意精雕细琢信中的措辞和语言，切忌有错字、别字及病句。

5. 实事求是，切忌吹嘘

从求职信中看到的不只是一个人的经历，还有品格。诚实是招聘单位对新员工最基本的要求。有的求职信没有任何豪言壮语，也没有使用任何华丽的词汇，却使人读来觉得亲切、自然、实实在在。

6. 先让身边的人查看

在求职信正式发送之前，先让身边的人看一下。这也是求职信撰写中的一个重要技巧，其目的是避免歧义的产生，让求职信能够更好、更准确地传达出求职者所要传达的信息。

写法指导

正例分析

个人简历

一、本人概况

张××，男，汉族，1985 年出生于河北省唐山市。

二、求职意向

愿加入贵公司市场部，希望获得市场主管一职，薪金面议或按贵公司规定执行。

三、教育背景

1993—1997 年，就读于北方工业大学经济管理系商业企业管理专业。
另：其他培训情况
1999 年于北京第二外国语学院自修英语；自修市场营销与管理本科课程；有驾照。

四、工作经历

2006 年 5 月至今，远大公司企划部高级主管。

产品广告计划制订及费用控制；策划促销活动并安排实施；竞品广告的日常监测、分析，及时调整产品的企划方案；市场走访调查。提出、制定、完成零售终端的改进方案；对全年市场投放与销售数据进行对比分析，制定下一年度广告提案。

成绩：有效合理的市场策略使公司产品成为同业知名品牌，产品销售额稳步提升，达到公司预期销售目标。

2002 年 3 月—2006 年 3 月，某国际知名企业市场主任。

统一促销策略的制定、活动的实施及评估总结；制订广告方案，与广告代理公司共同完成广告的制作与投放；走访零售市场，跟踪区域零售商、代理商的销售动态，监测竞品市场动态；对市场情报进行收集分析；协调外部供货商及媒体实施大型公关活动。

成绩：公司形象及企业文化得到广泛传播，深入人心。产品销售及市场占有率稳步提高，成为同业知名品牌。

1999 年 10 月—2001 年 12 月，信达电讯公司企划部助理经理。

制订并实施产品的销售计划、促销推广计划，促销经费的管理；负责协调产品在东北地区的销售，协调技术中心与经销商之间的售后服务关系。

五、个人简介

多年来供职于大中型企业的市场、策划部门，使我积累了丰富的工作经验，对把握市场动态、进行整体市场策划与实施都有深入的研究，并自修了市场营销与管理本科课程。我工作认真、负责，喜欢接受新的挑战并努力完成。

业余爱好：爱好广泛。喜爱球类运动及爬山，大学曾任校足球队队员。另外，还喜欢唱歌、听音乐等。

本人性格：温和、谦虚、自律、自信（根据本人情况）。

联系电话：××××-×××××××××　手机：×××××××××××

联系地址：××市××区××路×××号

邮编：××××××

邮箱：×××××@sohu.com

（资料来源：崔爱惠，张志宏，刘轶群，2017. 大学生职业发展与就业指导实训教程[M]. 北京：现代教育出版社，略有改动.）

分析：这是有工作经历的人的求职简历。全文写得简练，主次分明。文中强调工作经验和经历，并且是适合所聘职位的成功经验和经历。具体介绍了在什么时段，在哪些机构、公司、团体工作；工作期间担任什么职位；主要负责什么；完成了哪些任务；取得了什么成绩等，都介绍得非常具体。联系方式在文首或文尾均可，关键就在于突出它。

病例分析

菜鸟的个人简历

李××

女｜1992 年 10 月生｜现居住于××市××区××路××号

158××××××××

E-mail: 158××××××××@163.com

教育背景

2011 年 9 月至今　　某高校｜工商管理｜大专

工作经历

2012 年 9 月—2012 年 10 月

某管理咨询有限公司｜咨询部｜实习生

工作描述：在咨询部担任实习生，主要帮助项目负责人收集并整理资料，协助项目负责人完成某区政府的大型项目策划书。其间，主要锻炼提升了自己的团队沟通协作能力。

2012 年 7 月—2012 年 9 月

某速递有限公司｜客服部｜实习生

工作描述：该公司为初创型企业，产品项目受到市领导的关注与关心。担任公司市场调查员，负责公司产品投入市场前的市场调查工作，任职期间主要从事问卷调查、拦截访问、统计数据及资料整理工作，实习结束时市场调查工作圆满完成，公司顺利投放了第一批产品设备。其间，锻炼了与人沟通交流的能力及数据分析整理能力。

在校实践经验

曾担任班级团支书半年，组织过团支部各种大小活动。

担任某社团宣传部部长，负责组织社团的各种宣传活动。

通过担任班级团支书和社团宣传部部长，锻炼了自己的组织策划能力。

在校学习情况

在校学习期间获得优秀奖学金一等奖 3 次，二等奖 2 次

省级励志奖学金 2 次

“优秀学生”“优秀团员”荣誉称号

大学英语四级 （CET-4）成绩优秀

全国计算机等级考试（二级 C 语言）成绩良好

会计从业资格证

自我评价

性格温和、平易近人，喜欢与人沟通。工作认真负责，不畏艰苦劳累，具有不断进

取和勇于挑战自我的精神。遇到难题会积极向人请教，尽心做到更好。曾担任社团部长、宿舍长等，还积极参加班级活动、社会实践活动和兼职工作。大学生涯大大提升了自身组织、协调、管理等处事能力与人际交往能力，并磨炼了吃苦耐劳的意志，具备良好的心理素质。

（资料来源：梁泽光，李伟芳，2017.设计人生：打造未来美好职业生涯[M].北京：现代教育出版社，有改动.）

分析：这是一位初入职场者写的一份个人简历，求职者把简历写在一页纸上，列出了自己的个人信息，包括姓名、联系方式等，并放在了比较醒目的位置，这是非常可取的，同时该求职者也把自己的工作经历列得比较详细。但是，这份简历还存在以下一些问题。

1）简历中没有写明自己的求职意向，这是非常不可取的。不写明求职意向，招聘单位不知道你要应聘什么职位，很有可能会把你的简历直接放弃了。

2）在“工作经历”中，求职者将自己的实习描述得过多，只需要把自己具体负责的工作写得详细一些即可。

3）在“在校实践经验”中，没有写时间，笼统地介绍了自己所做的工作，没有具体的工作内容，很难有说服力。

4）在“在校学习情况”中，获得的奖项没有时间、级别等说明，过于简单。

5）在“自我评价”中，求职者写了自己的性格特征、担任的社会工作、在校的自身提升等，这样写是不合适的。自我评价部分是对自己的整体把握，在简历中是可有可无的，如果实在要写的话，只需要写与你所要应聘的职位要求最相关的性格特质即可。

实训提升

一、填空题

1. 个人简历的特点有__________、__________、__________、__________、__________、__________。

2. 个人简历的格式由__________、__________、__________、__________、__________、__________组成。

3. 个人简历的写作要求有__________、__________、__________、__________、__________、__________。

4. 求职信的特点有__________、__________、__________。

5. 求职信一般由__________、__________、__________、__________、__________、__________组成。

二、判断题

1. 个人简历是求职者的“敲门砖”，所以在写个人简历时要适当夸大以往成绩。（　　）

2. 写个人简历时要分析目标企业和职位的要求，巧妙突出自己的优势。　(　　)
3. 个人简历中的求职意向必须写清楚。　(　　)
4. 求职信要针对求职单位的实际情况、读信人的心理和个人求职目标来写。　(　　)
5. 求职信的标题通常只有文种名称，即在第一行中间写“求职信”三个字。　(　　)

三、写作题

根据自己的求职意向和目标岗位需求，写一封求职信，并附一份个人简历。

本章要点

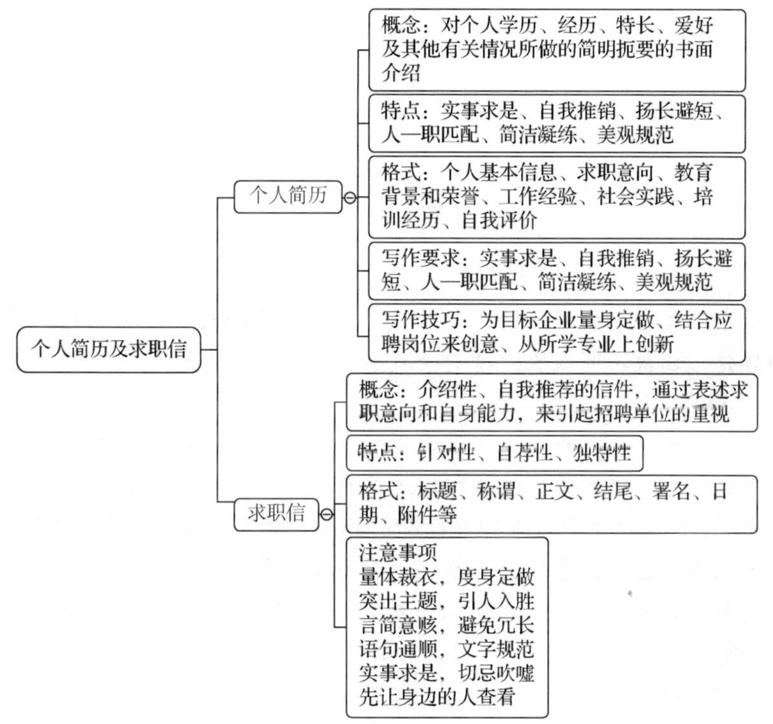

第十章 辞职信

学习目标

1. 初步认识辞职信。
2. 了解辞职信的格式、写作要求及写作方法。
3. 初步具备写辞职信的能力。

案例导入

辞职信

尊敬的领导:

您好！首先，我要感谢领导两年来对我的培养，感谢同事给我的无私帮助。领导对我的信任和厚爱，让我不断成长。特别令我感动的是，领导给我锻炼的机会，让我的成长过程不再单调。

在公司的工作经历，是我人生中最幸福的一段日子，从此也让我的性格深深烙上了不屈不挠、逆流勇进、厚积薄发的烙印，这些将让我终身受益。转眼之间，我来公司工作已经快两年了，在这两年中我在领导的耐心指导下学到了很多知识，增长了很多见识，不论做事还是做人，这些宝贵的财富都将使我受用终身。感谢领导给我的工作机会及对我的培养和重用，让我发挥了自己的绵薄能力，看到了自己的一些价值。

两年来，我一直以公司为家，尽心尽力做好每一件事，对培养了我的公司深有感情，也常怀感恩之心。作为一个外地人，我也曾有过扎根这里贡献青春的梦想，从来没有把公司当作一个跳板的想法。但是，我的理想是创一番事业，可我缺少经历这笔财富，所以我的潜意识告诉我到了应该去漂泊的时候了。每个人都有不同的人生规划，每个时期也有不同的想法。此次离职我也是在经过了几番思虑之后痛下决心的。我想我应该给自己一片悬崖来激发自己的潜力，也只有这样才能摆脱平庸的生活创造出属于我生命的一个奇迹。

基于上述原因，我申请辞职，离开公司。在这段时间，我将做好工作交接，尽力让

工作平稳过渡，以减轻领导负担。我是从公司正式走向社会的，也是在这里完成了从学生到社会人的转变。一幕幕平凡而有趣的工作和生活片段都是我难忘的回忆，是同事也是朋友，是领导也是亲人，这是我的肺腑之言。

希望我的离开不会给公司带来任何的损失和不快，毕竟我在公司的作用也不是很大。在我走上别的工作岗位时，我不会向他们透露任何关于公司的机密，这是我做人的基本原则，希望领导相信。

不过，我还是对我的离开感到一丝愧疚，毕竟公司培养我这么久。可是，我也有自己的苦衷，“天下没有不散的宴席”，希望领导谅解。

祝大家工作愉快，同时更祝愿公司兴旺发达！

申请人：×××

××××年××月××日

（资料来源：佚名，2020. 员工辞职信的模板[EB/OL].https://www.baidu.com/link?url=ekenE_2SbKELkXMb8wdJoQSRQ5tDDurqrnTy54dk4iZ0NM9bC0LagTEy2W4hkGFsXznlmldXJKLu_o0oodujUWkJHQvkRXOHph84rTCZm5tCSwRAK4t9gIxwOFANMpe6&wd=&eqid=946837b10015a979000000035ed4bb93，节选，有改动.）

案例点评：

这封辞职信从结构上来说非常完整，有标题、称谓、正文、结语、署名、日期五部分。正文部分首先表达了对公司、领导、同事的感谢，然后说明了自己辞职的原因，最后再次表达了对公司的感激和祝福。这份辞职信措辞诚恳、辞职理由充分，是一篇比较好的辞职信。

一、辞职信的内涵

辞职信是辞职者向工作单位辞去职务时写的书信，也称为辞职书或辞呈。辞职信是辞职者在辞去职务时的一个必要程序，通常由标题、称谓、正文、结语、署名和日期五部分构成。

一封恰当的辞职信可以让辞职者通过这种间接的方式为自己的离职向受信者表达真挚的感谢和真诚的歉意，这是一个人知礼懂礼的重要表现，也是一个人富有涵养的生动诠释。辞职信在本质上是一种礼仪文书。

一封恰当的辞职信能够传达这样的信息：辞职者的决定是慎重和认真的，不是武断和轻率的。这实质上表明了辞职者对受信者的尊重和肯定，也能够给自己留有一定的余地。即使是因为某些不愉快的原因而辞职，也会使不愉快通过这种有效的沟通方式而降低。

一封恰当的辞职信在某种意义上可以使本来不十分了解辞职者的受信者对辞职者产生比较深刻的印象，获取一定的认知好感，进而提升辞职者的信誉度，塑造和展现辞职者坦荡真诚的良好形象。

二、辞职信的书写格式

（一）标题

在第一行正中应写上名称。一般辞职信由“事由+文种名”共同构成，即以“辞职申请书”为标题。标题要醒目，字体稍大。

（二）称呼

辞职信要求在标题下一行顶格处写出接受辞职申请的单位组织或领导人的名称或姓名称呼或者直接写“尊敬的领导”。

（三）正文

正文是辞职信的主要部分，正文内容一般包括以下三个部分。

1）提出申请辞职的内容，开门见山让人一看便知。

2）申述提出申请的具体理由。该项内容要求将自己有关辞职的详细情况一一列举出来，但要注意内容的单一性和完整性，条分缕析使人一看便知。

3）提出自己辞职的决心、个人的具体要求、希望领导解决的问题等。

（四）结尾

结尾要求写上表示敬意的话。例如，“此致”“敬礼”等。

（五）落款

落款要求写上辞职者的姓名及提出辞职申请的具体日期。

三、辞职信的写作要求及方法

（一）写作要求

1. 辞职理由要具体可信

辞职者在正文中陈述辞职理由时，应让人感到合乎情理，真实恳切，能够让人信服和接受，不要给人乱找借口、堆砌理由之嫌，也不要给人随随便便、敷衍了事之感。

2. 语言表达要朴实委婉

辞职毕竟意味着主雇双方合作的结束，事实上不可避免地会使双方都产生一些不愉快的心理，所以辞职者在语言表达上要注意讲究技巧。例如，在称谓上应该追求郑重其事，做到典雅得体，不能给人无所谓的感觉；在正文陈述中要委婉有致，做到情诚意恳，可以使用“很遗憾”一类的语句等。

3. 文面体式要规范简明

无论手写还是计算机打印，写作的辞职信都要注意符合书信的文体格式要求，做到结构完整规范，文面庄重简明，不能花哨华丽，更不能出现文字、标点、版式等技术上的错误，否则会有草率应付之嫌。如果是打印的，建议落款署名最好手书，以示对受信者的尊重。

（二）写作方法

第一段：写出辞职的心理。例如，经过多方面的考虑，我打算辞掉所从事的职位……；或者，因家中变故，我申请辞去我的工作。因此，辞职信的第一段可以这么写：

尊敬的人力资源经理：

您好！

经过我的深思熟虑，我决定辞去我在公司所担任的××职位，我知道这对于您来说，是非常难以做决定的事情。

第二段：说明你自己考虑的辞职的时间（尽管你提出辞职经公司同意后，公司的人力资源部将按照固定的离职日程办理离职手续，但这样说并不是画蛇添足，大多数情况下，你都能够争取到提早离开的时间）。例如：

我考虑在此辞呈递交之后的 2～4 周内离开公司，这样您将有时间去寻找合适的人选来填补因我离职而造成的空缺，同时我也能够协助您对新人进行入职培训，使他尽快熟悉工作。另外，如果您觉得我在某个时间段内离职比较合适，不妨给我个建议或尽早告知我。

第三段：说明你在这个公司里的经验积累，尽可能地去赞扬公司对你的栽培。例如：

我非常重视我在××公司的这段经历，也很荣幸自己曾成为××公司的一员，我确信我在××公司里的这段经历和经验，将为我今后的职业发展带来非常大的利益。

最后，请务必使用亲笔签名，而且签名要尽量刚劲，并写好日期。

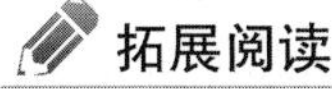

拓展阅读

走红网络的辞职信

2015 年 4 月 14 日一早，一封辞职信引发热评，辞职的理由仅有 10 个字“世界那么大，我想去看看。”有人评价这封辞职信是“史上最具情怀的辞职信，没有之一”。

给人们不同的阅读体验，也许正是这封辞职信的价值所在。尽管很多关注辞职信图片的人并不一定认识这个写辞职信的人，但是不妨碍大家对她的认同，更多的人是对这封辞职信表现出来的生活态度表示羡慕。

对这份任性辞职信的热评，也说明当下民众的生活、工作压力过大，对自身处境有着诸多情绪。在人生道路的选择上，有人喜欢风平浪静，按部就班地过完一生；有人喜欢风起云涌，不断寻找新的刺激。无论哪种生活方式，都是个人的选择。但在做这些决定之前，还有很多事情需要考虑，即便是来一场说走就走的旅行，也要考虑自己是否有这种勇气，是否能够坦然面对旅途中的困境，如果仅仅为了追风，今天想来一场旅行，明天就任性辞职，在这些看似潇洒的行为背后，自身若没有任何新的打算，心中依然一片迷茫，这样的任性纯粹只是做给别人看的。这样的行为，显然是心理不成熟的表现。

（资料来源：佚名. 2015. 最具情怀辞职信[EB/OL]. http://www.greenchina.tv/news-14618.xhtml，有改动.）

写法指导

正例分析

尊敬的公司领导：

感谢公司三年来对我的指导和培养，感谢公司带领着我完成了由学生向社会人的过渡，更感谢公司给了我们蓄水池这样一个平台，来展现自己，完善自己。作为一个走出校园直接走进咱们公司的学生，我想我是幸运的，我选取这个企业的同时，也被企业肯定和认可，并取得了一定的成绩。

我将于 7 月份去北京的一所校园，继续学习，期望能够用两年的时间继续强化自己的专业知识和技能，因为是脱产学习，所以不能继续在咱们公司工作，现提出辞职。

三年的时间，从无到有，我在咱们公司学到了很多东西，但我从未感觉自己学识饱满，相反到要离开的时候仍然抱有许多遗憾，还有那么多的部门没去锻炼过、没去亲身经历过。在咱们公司这三年的时间里，我和这个企业一起见证了多家门店的开业，一次次销售记录的刷新，今天的离开有太多的眷恋和不舍。

期望学有所成后能继续为咱们公司工作，与大家一起进步！

此致

×××

2017 年 5 月 13 日

（资料来源：佚名，2019. 辞职报告书[EB/OL]. https://www.unjs.com/fanwenwang/ziliao/367425.html，略有改动.）

分析：这是一份比较合格的辞职信，第一段言辞恳切的感谢了工作三年以来公司对自己成长的帮助；第二段说明了辞职的具体理由，第三段再次感谢了公司对自己的帮助，并提出将来希望继续为公司效力。

病例分析

尊敬的公司领导：

过去的岁月里，公司给予了我良好的学习空间和时间，使我学到了一些新的东西，充实了自己，扩展了我的知识面，并增加了一些实践经验。对于公司这么长时间以来的照顾，在此我表示真心的感谢！

这段时间我一直觉得很疲惫，近来工作的完成情况不是很好，而且企业发展较慢，使我无法吸收新的养分或获得发展机会，还有就是公司人际关系复杂，大家都在钩心斗角，我觉得自己应付不过来。所以不得不向公司提出申请，并希望能于今年×月××日正式离职。

此致

敬礼

申请人：×××

2017 年 5 月 13 日

（资料来源：佚名，2019. 辞职报告书[EB/OL]. https://www.unjs.com/fanwenwang/ziliao/367425.html，略有改动.）

分析：写辞职信最忌讳的是满篇抱怨，不看好公司发展，抨击公司制度，指责同事等，这封辞职信把导致自己辞职的理由全部归咎于公司和同事，显然非常不合适。

实训提升

一、填空题

1. 员工向工作单位辞去职务时写的书信叫__________。

2. 辞职信通常由__________、__________、__________、__________、__________五部分组成。

3. 辞职信正文是辞职申请书的主要部分，正文内容一般包括__________部分。

4. 辞职信的写作要求有__________、__________、__________。

5. 辞职信申请的落款要求写上__________、__________。

二、判断题

1. 一封成功的辞职信要向受信者表达真挚的感谢和真诚的歉意，表明自己的决定是慎重和认真的。（　　）

2. 辞职信要将自己对公司的看法和同事的意见都写出来。（　　）

3. 辞职者在正文中陈述辞职理由时不要给人乱找借口、堆砌理由之嫌，也不要给人

随随便便、敷衍了事之感。 （ ）

4. 写作的辞职信都要注意符合书信的文体格式要求，做到结构完整规范，文面庄重简明，不能花哨华丽，更不能出现文字、标点、版式等技术上的错误，否则会有草率应付之嫌。 （ ）

5. 打印出来的辞职信，落款处的署名最好手书，以示对受信者的尊重。 （ ）

三、写作题

假设你现在是一家饭店的主厨，因为找到了一份环境和工资待遇更好的厨师工作，请给饭店经理写一封辞职信。

本章要点

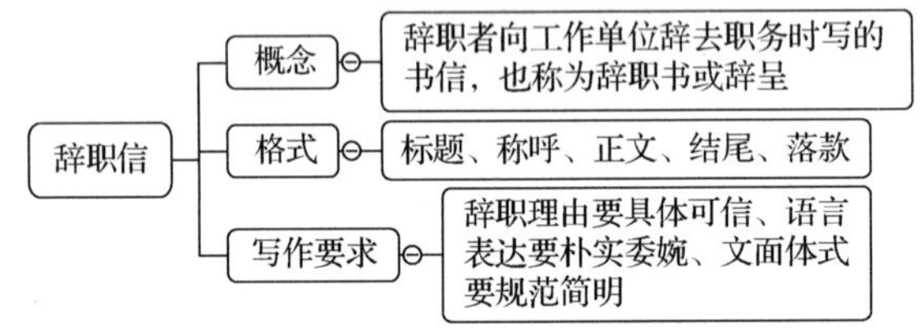

参 考 文 献

陈瑛瑛，2019. 应用文写作教程[M]. 杭州：浙江大学出版社.
晨梅梅，2008. 实用写作教程[M]. 上海：上海外语教育出版社.
邓素林，2015. 应用文写作与处理实训教程[M]. 成都：西南交通大学出版社.
高玲，2013. 应用文写作[M]. 北京：化学工业出版社.
耿云巧，马俊霞，宋志国，等，2018. 现代应用文写作[M]. 4 版. 北京：清华大学出版社.
郭鹏，胡晓蕾，2015. 应用文写作[M]. 北京：清华大学出版社.
郝立新，2016. 应用文写作[M]. 2 版. 北京：清华大学出版社.
黄高才，2012. 常见应用文写作暨范例大全[M]. 北京：中国人民大学出版社.
孔祥戥，2010. 应用文写作[M]. 北京：北京师范大学出版社.
刘金同，张寿贤，2014. 应用文写作教程[M]. 3 版. 北京：清华大学出版社.
刘世权，2008. 应用文写作[M]. 重庆：西南大学出版社.
刘文琦，吴福才，2014. 新编应用文写作教程[M]. 北京：北京大学出版社.
刘学兰，2018. 应用文写作与例文剖析[M]. 广州：暨南大学出版社.
宋久生，耿长彦，2013. 应用文教程[M]. 北京：科学出版社.
孙洁，冯雪燕，2016. 应用文写作（专升本）[M]. 重庆：重庆大学出版社.
唐国娟，2016. 应用文情境写作实训教程[M]. 2 版. 北京：化学工业出版社.
王宝岩，孙锐，李青长，2017. 应用文写作[M]. 北京：清华大学出版社.
王彩琴，王素霞，2017. 新编应用文写作[M]. 北京：科学出版社.
王佳慧，2011. 应用文写作扩展训练[M]. 上海：立信会计出版社.
王敏杰，2012. 应用文写作实训[M]. 镇江：江苏大学出版社.
王首程，2014. 应用文写作[M]. 3 版. 北京：高等教育出版社.
吴伟凡，2018. 大学应用文写作新教程[M]. 北京：首都经济贸易大学出版社.
谢世洋，2014. 应用文写作理论与实践[M]. 北京：清华大学出版社.
杨金忠. 倪筱荣，2013. 应用文写作[M]. 北京：中国轻工业出版社.
余良杰，蒋传红，2006. 新编实用写作教程[M]. 南京：南京师范大学出版社.
张德实，2001. 应用写作[M]. 北京：高等教育出版社.
郑孝敏，2011. 应用文写作基础[M]. 北京：中国财政经济出版社.